Alexandra Reichenberg

Religiöse Impulse für den Morgenkreis

Illustrationen: Irene Brischnik

Ökotopia Verlag, Münster

Impressum

AUTORIN: Alexandra Reichenberg

LEKTORIN: Uta Koßmagk

ILLUSTRATORIN: Irene Brischnik

THEOLOGISCHE BERATUNG: Sabine Busch-Böckmann, Fachberaterin für Kindertageseinrichtungen im Ev. Kirchenkreis Münster

COVERGESTALTUNG: PERCEPTO mediengestaltung

LAYOUT UND SATZ: design + co, Christina Meffert

Bildnachweise: S. 67: © dreamstime, alle anderen Fotos sind gemeinfrei (www.pixabay.com).

ISBN 978-3-86702-356-6

1. Auflage

Bleiben Sie in Kontakt

www.oekotopia-verlag.de

Inhalt

Vorwort

Betrachten wir die Welt um uns herum, so fällt auf, dass in jedem Ort ein Gebäude nicht fehlt: die Kirche. Unsere Gesellschaft ist geprägt vom christlichen Glauben, auch heute noch. Unser Jahreskalender wird nach wie vor von vielen christlichen Festen und Feiertagen bestimmt. Familien orientieren sich daran und nutzen sie für ein Zusammentreffen.

Doch Glauben leben, ihn in den Alltag mit einbeziehen, machen nur noch wenige. Zu Hochzeiten und zu Taufen, zu Kommunionsfeiern und zu Konfirmationen oder zu Beerdigungen ist ein Kirchenbesuch selbstverständlich. Doch darüber hinaus? Das Thema Glauben wird häufig als altmodisch, fremd, manchmal auch als schwierig empfunden. Dabei muss Glauben nicht abgehoben oder exklusiv sein. Er lässt sich leben, stärkt und macht Mut. Glauben kann das Leben bereichern. Kindern gibt er Orientierung. In biblischen Geschichten und Heiligen, wie St. Martin oder St. Nikolaus, finden sie Vorbilder für ihr eigenes Handeln.

Kinder brauchen Vorbilder und Orientierung für ihr späteres Leben, heute mehr denn je. Die Gesellschaft und die gesamte Umwelt werden immer schnelllebiger und oberflächlicher. Sich darin als starke Persönlichkeit zurechtzufinden, dazu wird bereits in der Kindheit der Grundstein gelegt. Ein solcher Grundstein ist der Glaube.

Im vorliegenden Buch finden Sie eine große Anzahl von religiösen Impulsen zur Bereicherung des Morgenkreises für Ihren Kindergartenalltag. Alle Angebote sind kindgerecht und für komplette Gruppen gut geeignet.

Eher ruhige Angebote, die zum Nachdenken anregen und zur Stille führen, wechseln sich mit schwungvollen und lustigen Spielen ab. Sie sind kurzweilig, laden zum Mitmachen ein und stärken das Gruppengefühl. Für jedes Kind ist etwas dabei: 3-Minuten-Geschichten, Klang- und Bewegungsgeschichten, Fingerspiele, Kreisspiele, Gebete und Rituale lassen sie den Glauben erleben und erfahren.

Die Angebote sind, wenn nicht anders notiert, für Kinder ab drei Jahren geeignet. Sie können spontan, mit wenig Vorbereitungsaufwand und zu einem großen Teil auch ohne Material durchgeführt werden. Falls Material erforderlich ist, dann solches, das sich in jeder Einrichtung problemlos findet. Zu vielen Angeboten finden Sie, jeweils besonders gekennzeichnet, zusätzliches Hintergrundwissen zur biblischen Geschichte.

Über dieses Buch

Geschichten

Das Geschichten-Kapitel ist in drei Unterkapitel unterteilt. Die drei unterschiedlichen Geschichtenformen – 3-Minuten-Geschichten sowie Klang- und Bewegungsgeschichten – laden die Kinder zum Zuhören und Mitmachen ein.

3-Minuten-Geschichten …

… verpacken den Inhalt religiöser Erzählungen in aktuelle Kindergeschichten. So werden Botschaften kindgerecht aufgearbeitet und in einen Zusammenhang zu eigenen Erfahrungen der Kinder gebracht. Die Geschichten sind bewusst kurz gehalten, um den Fokus auf die wesentlichen Inhalte zu konzentrieren und die Aufmerksamkeit der Kinder bis zum Ende aufrechtzuerhalten. Die Geschichten können gut als Einstieg in ein entsprechendes Thema oder im Zusammenspiel mit den biblischen Erzählungen bzw. der Heiligenlegende eingesetzt werden.

Klanggeschichten …

… bringen einen neuen Impuls in die Angebote. Musik macht Spaß und durch den Einsatz der einfachen Instrumente kann jeder sofort mitmachen. Wichtig ist, dass jedes Kind eine Rolle, also ein Instrument, bekommt. Mehrfachbesetzungen sind also nicht nur möglich, sondern erwünscht. Vor der Umsetzung der Klanggeschichte lernen die Kinder zunächst jeweils deren Inhalt und die Handhabung der Instrumente kennen.

Bewegungsgeschichten …

… bringen Schwung in die religiösen Angebote. Sie setzen das neue Wissen direkt in einen Zusammenhang mit den Bewegungen und lockern so das jeweilige Thema auf.

Fingerspiele

Reime, Rhythmus, Religion – so lassen sich die Fingerspiele aus diesem Buch kurz und knapp beschreiben. Sie sind vor allem für Kindergartenkinder gut geeignet. Die Fingerspiele prägen sich durch die Reimform und den Sprachrhythmus bei den Kindern gut ein. So vertieft sich das neue Wissen ganz spielerisch nebenher. Ein bewusster Einsatz der Stimme, laut und leise sprechen, Betonungen und Pausen, machen das Erlernen spannend und die Aufmerksamkeit der Kinder ist sicher.

Kreisspiele

Kreisspiele gehören ganz selbstverständlich zum Morgenkreis. Ein neuer Aspekt sind die religionspädagogischen Kreisspiele. Sie runden das Angebot ab und können nach und nach fester Bestandteil des Spielerepertoires der Gruppe werden. Gerade Kreisspiele sind bei den Kindern sehr beliebt und werden immer wieder von ihnen gewünscht. Daher erreicht ihr Inhalt die Kinder besonders gut.

Gebete

Beten vor gemeinsamen Mahlzeiten gehört in vielen Einrichtungen ganz selbstverständlich dazu. Warum sollte nicht auch zu anderen Gelegenheiten im Morgenkreis gebetet werden? Möglichkeiten hierzu gibt es viele. Die Gebete aus dem vorliegenden Buch sind bewusst in kindgerechter Sprache gehalten. Ihre Reimform macht Spaß und prägt sich gut ein.

Beten kann aber auch zu Konflikten führen. Gerade dann, wenn Kinder anderer Glaubensrichtungen oder konfessionslose Kinder die Einrichtung besuchen. Deshalb rundet ein interreligiöses Gebet das Kapitel der Gebete ab. Statt des Kreuzzeichens können die Kinder sich zum Beten auch an den Händen halten. So kann Konflikten vorgebeugt werden.

Kinder, die aus unterschiedlichen Gründen nicht mit beten möchten oder dürfen, bekommen die Gelegenheit, den anderen zuzuschauen oder ein eigenes Gebet zu sprechen.

Rituale

Rituale bedeuten Sicherheit und geben Angeboten einen Rahmen. Kinder lieben Rituale, sie freuen sich, an ihnen teilhaben zu dürfen und beteiligen sich gerne an deren Umsetzung. Die Rituale in diesem Buch sind so konzipiert, dass sie als Einstieg in ein weiteres Angebot oder davon losgelöst eingesetzt werden können.

Ich hoffe, Sie finden in diesem Buch viele Anregungen und wünsche Ihnen viel Spaß beim gemeinsamen Erleben mit den Kindern!

Alexandra Reichenberg

Alexandra Reichenberg

Geschichten

3-Minuten-Geschichten

Die Erzählungen auf den folgenden Seiten sind bewusst kurz gehalten, um den Fokus auf die wesentlichen Inhalte zu konzentrieren und die Aufmerksamkeit der Kinder bis zum Ende aufrechtzuerhalten. Die Geschichten können gut als Einstieg in ein entsprechendes Thema oder im Zusammenspiel mit den biblischen Erzählungen bzw. der Heiligenlegende eingesetzt werden.

Immer nur Paul!

Geschichte zu Kain und Abel (1.Mose/Genesis 4)

Kinder kennen die Situation, sich ungerecht behandelt zu fühlen und auch manchmal Streit miteinander zu haben. Davon erzählt „Immer nur Paul!“ und bietet einen kinderleichten Einstieg in die Erarbeitung der biblischen Geschichte von Kain und Abel.

Paul und Simon waren Brüder. Simon war der ältere und Paul der jüngere Bruder. Simon war oft ein bisschen unordentlich und auch etwas faul, wenn er zum Beispiel sein Zimmer aufräumen sollte. Paul half immer mit, denn er räumte vor allen Dingen für sein Leben gerne auf.

Simon war eifersüchtig auf Paul. „Immer nur Paul!“, dachte er. Ständig durfte sein kleiner Bruder alles. Ganz bestimmt mochten ihn auch alle lieber als ihn. Paul wurde meistens als Erster gefragt, was es zum Mittagessen geben sollte und er bekam abends noch oft eine zweite Geschichte vorgelesen. Paul konnte besser malen, war ordentlicher und stets besser gelaunt.

Heute hatte Simon sich wieder geärgert. Zum Mittagessen gab es ein Würstchen mehr für Paul! Simon vergaß aber, dass seine Mutter ihn schon dreimal gerufen hatte, bevor er endlich kam und da waren schon alle beim Essen gewesen.

Nach dem Essen spielten Simon und Paul in ihrem Sandkasten im Garten. Da kam ihre Mutter aus dem Haus. In ihren Händen hielt sie ein Tablett, auf dem zwei kleine feste Pappstücke und Buntstifte lagen. „Schaut mal, was ich für euch habe!“ Damit stellte sie das Tablett auf den Gartentisch. „Eure kleine Cousine wird nächste Woche getauft und jeder Gast soll ein Bild für sie malen. Ich fände es schön, wenn ihr überlegen würdet, was ihr Hannah zu ihrer Taufe wünscht und davon ein Bild malt.“ Paul lief sofort zum Tisch und setzte sich hin. Simon folgte ihm langsam. Er hatte keine Lust zu malen. Am besten brachte er es schnell hinter sich. „Mädchen mögen doch Rosa.“, dachte er und malte rasch ein Muster aus unterschiedlichen rosafarbenen Punkten. Paul saß lange da und überlegte hin und her. Schließlich malte er einen Regenbogen und lauter kleine Herzen dazu. „Sehr schön, Paul!“, rief seine Mutter. Da klingelte es an der Haustür. Rasch lief sie ins Haus, um die Tür zu öffnen.

Simon war wütend. Schon wieder wurde Paul gelobt und er nicht. Dabei dachte er nicht daran, wie wenig Mühe er sich mit seinem Bild gegeben hatte. Er versuchte, Paul das Bild aus der Hand zu reißen und zerrte mit aller Kraft daran. Paul aber zog mit ganzer Kraft von der anderen Seite. Nun war Simon aber größer und stärker als Paul und so kam es, wie es kommen musste! Nach einem weiteren heftigen Ruck hielt Simon das Bild in der Hand und Paul fiel direkt mit dem Kopf auf den Boden! Paul bewegte sich nicht. Als Simon das sah, bekam er Angst und ein richtig schlechtes Gefühl. „Paul!“, rief er erschrocken. „Sag doch was, bitte!“ Da schlug Paul die Augen auf und Simon war sehr erleichtert. „Es tut mir leid, Paul. Das wollte ich nicht!“ Paul lächelte. „Ist nicht so schlimm“, sagte er.

Von diesem Tag an gab Simon sich mit allem mehr Mühe. Er versuchte auch, nicht immer seinem Bruder die Schuld zu geben, wenn ihm etwas nicht gelang.

Kain war der erste Sohn von Adam und Eva. Als sein Bruder Abel geboren wurde, glaubte Kain fortan stets, dass dieser bevorzugt wurde. Eines Tages erschlug Kain seinen Bruder, weil er eifersüchtig auf ihn war. Als er sah, was er getan hatte, bereute er es und ging fort.

David und die gute Idee

Geschichte zu David und Goliath (1.Samuel 17;18,5-9)

Die Geschichte „David und die gute Idee" basiert auf der biblischen Erzählung von David und Goliath. Sie zeigt, dass Stärke nicht unbedingt mit Klugheit einhergeht und umgekehrt. Kinder können sich häufig gut mit der Person Davids identifizieren. In der biblischen Erzählung besiegt David Goliath durch einen gezielten Schuss mit seiner Steinschleuder. In der Geschichte „David und die gute Idee" wird dieser Inhalt zeitgemäß und friedvoller umgesetzt.

David war sechs Jahre alt und ziemlich klein für sein Alter. Er war der Kleinste unter seinen Freunden. Inzwischen gab es sogar jüngere Kinder, die größer waren als er. Das machte David ziemlich zu schaffen. Seine Eltern versuchten häufig, ihm Mut zu machen. Sie sagten dann Dinge wie: „Schließlich sind wir auch nicht so groß!" und „Dafür bist du gut im Fußball!" oder „Klein, aber oho!". David tröstete dies nur wenig. Er wäre eben gerne einfach nur ein bisschen größer gewesen! Vielleicht hätte ihn dann auch der große Anton nicht immer geärgert. Anton war genau so alt wie David, aber ein richtiger Riese. Der größte Junge weit und breit und das wusste er auch. Weil er so groß und stark war, hatten alle Respekt vor ihm und niemand stellte sich Anton gerne in den Weg.

An einem sonnigen Nachmittag machte sich David auf den Weg zum Spielplatz. Dort wollte er sich mit seinen Freunden treffen. Kurz vor dem Ziel sah er – Anton! Dieser dribbelte seinen neuen Fußball von einem Fuß zum anderen. Mit diesem Ball hatte er schon in den letzten Tagen mächtig angegeben. David beschloss, sich davon nicht abhalten zu lassen. Mutig ging er weiter. Da entdeckte Anton nun auch ihn. „Na, du halbe Portion! Was machst du denn hier?" David tat, als ob er nichts gehört hätte und lief einfach weiter. „He, hast du mich nicht gehört?" Anton stellte sich David in den Weg. „Vielleicht will ich dich nicht hören!" David wurde wütend. Was dachte Anton sich bloß dabei? Anton aber hörte nicht auf und schon bald war ein Streit im Gange. Anton begann nun, David zu schubsen. Dieser war jetzt richtig sauer. Was sollte er machen? Anton war viel stärker als er. Der Fußball! David hatte eine Idee. „Schau mal da!" David zeigte mit seinen Arm in Richtung des Spielplatzes. Anton folgte seiner Bewegung mit den Augen und ließ dabei David los. Dieser bewegte sich blitzschnell und trat gegen Antons Fußball. Der Ball flog pfeilschnell durch die Luft und landete ganz oben in einem Baum. Entsetzt sah Anton seinem Ball hinterher und wurde schlagartig kleinlaut. „Mein Ball! Wie soll ich den nur wieder da runterholen? Ich habe ihn doch gerade erst neu bekommen." David sah Anton an. „Klettere doch hoch und hol ihn dir." Aber die Äste hoch oben im Baum würden den großen Anton niemals halten.

Was nun? David seufzte. „Pass auf, Anton. Ich klettere in den Baum und hole dir deinen Ball. Du versprichst mir aber, dass du in Zukunft aufhörst mit der ständigen Ärgerei und mich in Ruhe lässt." Anton nickte betreten. David kletterte in den Baum und warf kurz darauf Anton den Ball zu.

Wie könnte die Geschichte weitergehen? In einer Gesprächsrunde bietet sich eine Fortsetzung der Geschichte durch die Kinder an.

Und alle machen mit

Geschichte zum Zöllner Zachäus (Lukas 19, 1-10)

Der Zöllner Zachäus war reich an Geld. Er hatte aber keine Freunde, denn Freundschaft ist nicht käuflich. Zachäus wurde von allen Leuten verachtet, da er, als Zöllner von der römischen Besatzungsmacht eingesetzt, Abgaben von der jüdischen Bevölkerung eintrieb und dadurch zu Wohlstand gelangt war. Jesus bot ihm trotzdem seine Freundschaft an. Zachäus änderte daraufhin sein Leben. Er wurde gerechter und lernte zu teilen.

Nico, Tim und Lena waren das Kleeblatt. So nannte Frau Reuter, ihre Erzieherin im Kindergarten, sie. Jeden Tag hatten sie gemeinsam die tollsten Ideen! So auch an diesem Tag.

Die Sonne schien und die Kinder beschlossen, im Sandkasten eine Wasserbahn zu bauen. Sie hatten gerade damit begonnen, als Mia dazu kam. Ausgerechnet Mia! Die konnten Nico und Tim überhaupt nicht leiden. Sie fand sich ganz toll und glaubte, mit ihren stets neuen Sachen konnte sie alles erreichen. Wenn das nicht klappte, wurde sie immer richtig gemein und versuchte mit allen Mitteln doch noch zum Ziel zu kommen. So etwas nannte man Erpressung, hatte Nicos großer Bruder ihm neulich erklärt. Mia glaubte wohl, dass sie nun mit ihnen bauen konnte, aber das kam nicht in Frage. „Darf ich mitmachen?", fragte sie auch prompt. „Nein!", kam es wie aus einem Mund von Nico und Tim. Mia stutzte und begann zu überlegen. „Wenn ihr mich mitmachen lasst, dürft ihr später mit meinem Handy spielen." Die Jungen mussten nicht lange überlegen. „Kommt nicht in Frage. Du spielst nicht mit und dein Handy interessiert uns nicht die Bohne." Nico setzte noch hinzu: „Außerdem ist das Erpressung!" Da schossen Mia Tränen in die Augen. Schnell drehte sie sich um und lief davon.

Sollte sie doch heulen! Nico und Tim widmeten sich wieder der Wasserbahn. Da begann Lena zu sprechen: „Ich finde, wir sollten Mia mitmachen lassen." Sie mitmachen lassen!? Nico und Tim sahen Lena mit großen Augen an. Was war das denn für eine blöde Idee? „Spinnst du? Niemals darf sie mitspielen!" Die beiden Jungen schrien es beinahe heraus. Lena ließ sich dadurch nicht aus der Ruhe bringen. „Eigentlich tut mir Mia sogar leid. Sie denkt doch, dass sie immer ihren Willen bekommt. Aber eigentlich mag sie niemand. Warum lassen wir sie nicht mitmachen? Kommt schon! Wir können es doch wenigstens versuchen. Wisst ihr noch, was uns Frau Reuter über Zachäus, den Zöllner erzählt hat? Der war auch immer gemein zu den anderen Leuten und als Jesus zu ihm gegangen ist, hat er sich geändert."

Gesagt, getan. Nico und Tim ließen sich auf den Versuch ein. Lena holte Mia dazu und diese versuchte nicht ein einziges Mal sie zu erpressen, wie Nico später feststellte. Nach einiger Zeit spielten die vier Kinder fast immer zusammen. Frau Reuter, die dies beobachtete, meinte dazu nur, dass aus dem dreiblättrigen Kleeblatt jetzt ein vierblättriges geworden wäre!

Die Geschichte passt gut zum Fingerspiel „Wir alle zusammen" von Seite 45.

Im Alltag gibt es immer wieder Situationen, in denen Kinder versuchen, die Zuneigung anderer Kinder durch materielle Dinge zu erlangen. Die Geschichte kann Anstoß für die Kinder sein, sich am Vorbild Jesu im Umgang mit Zachäus zu orientieren und solchen Situationen mit Offenheit und Toleranz zu begegnen.

Der kleine Hirte Samuel

Geschichte zu den Hirten auf dem Feld (Lukas 2,8-20)

Wie war das wohl bei den Hirten auf dem Feld, in der Nacht, in der Jesus geboren wurde? Sicherlich spannend und auch ein wenig unheimlich. Schließlich erschien den Hirten ein Engel – ein außergewöhnliches Erlebnis. Wie könnte sich das Ereignis aus Kindersicht abgespielt haben?

Es war vor langer Zeit in Bethlehem. Auf einem Feld hatten Hirten ihr Nachtlager aufgeschlagen. Die Nacht war dunkel und kalt. Nur ein paar Sterne leuchteten am Himmel und das kleine Feuer in der Mitte des Lagers spendete etwas Wärme und Licht. Dicht am Feuer hatte sich der Hirtenjunge Samuel in eine warme Wolldecke gekuschelt. Neben ihm lag das kleine Lamm Aaron. Es hatte seine Mutter verloren und Samuel kümmerte sich nun an ihrer Stelle um Aaron. Die anderen Hirten machten sich oft lustig darüber. „Du benimmst dich schon wie eine richtige Mutter!", sagten sie dann. Samuel störte das aber nicht. Er hatte Aaron gern und fand es schön, sich nachts an ihn zu kuscheln. Auch heute freute Samuel sich wieder über Aarons Gesellschaft. Er streichelte dessen weiches Fell und lauschte auf das Knistern des Feuers.

Fast war er eingeschlafen, da wurde der Himmel über dem Lager plötzlich ganz hell. Erschrocken schauten alle zum Himmel, die Schafe blökten und die Hirtenhunde bellten laut. Was war nur geschehen? Samuel konnte nicht glauben, was er sah. Am Himmel leuchtete ein heller Stern und über ihnen schwebte ein Engel. Dieser sah hinunter zu den Hirten und begann dann zu sprechen. „Fürchtet euch nicht. Ich bringe euch eine frohe Nachricht. In einem Stall in Bethlehem wurde ein kleines Kind geboren. Es liegt in Windeln gewickelt in einer Krippe. Dieses Kind ist Jesus, der Messias. Folgt dem Stern zur Krippe und verkündet überall die frohe Botschaft." Nach diesen Worten verschwand der Engel und zurück blieb der leuchtende Stern. Aufgeregt begannen die Hirten miteinander zu sprechen: Was sollten sie nun machen?

Da trat Samuel vor. Er schaute die anderen Hirten der Reihe nach an und räusperte sich dann. „Ich finde, wir sollten gehen. Ich möchte das Kind in der Krippe nur zu gerne sehen!" Levi, der älteste Hirte, strich sich über seinen Bart und nickte dann langsam. „Samuel hat recht. Wir sollten dem Stern folgen und es besuchen, das Kind in der Krippe." Sofort begannen die Hirten nun damit, das Lager aufzulösen. Sie löschten das Feuer und schnürten ihre Bündel. Die Hunde trieben die Schafe zusammen. Samuel wickelte seine Decke ein und legte sich Aaron über die Schultern.

Die Hirten machten sich auf den Weg, immer dem hellen Licht des Sterns folgend. Lang und beschwerlich war der Weg. Dann endlich lag ein kleiner, baufälliger Stall vor ihnen und darüber leuchtete der Stern. Sie näherten sich langsam dem Stall und betraten ihn leise.

Als Erster stand Samuel im Inneren. Er sah ein kleines Kind in einer Krippe. Daneben standen eine Frau und ein Mann. Außerdem gab es noch einen Ochsen und einen Esel darin, die ein wenig Wärme spendeten. Samuel ging vorsichtig zur Krippe. Er konnte nicht aufhören, das Kind anzusehen. Noch nie hatte er etwas so Schönes gesehen! Wie gerne würde er dem Kind ein Geschenk machen. Aber was nur? Er besaß selbst kaum etwas. Da bemerkte Samuel, dass das Kind nichts trug, außer einer Windel. Sicher war ihm sehr kalt. Da kam Samuel eine Idee. Eilig wickelte er seine Wolldecke für das Kind aus. Er hatte schließlich noch Aaron. Gegenseitig konnten sie sich genug wärmen. Nach dieser Nacht erzählten die Hirten überall von Jesus. Samuel hatte dabei stets ein warmes Gefühl und niemals hat er seine Decke vermisst!

Variante für Kinder ab 3 Jahren
Für die jüngeren Kinder wird die Geschichte geteilt und in zwei Schritten gelesen. Vor der Erarbeitung des zweiten Teils ist eine kurze Zusammenfassung, im Gespräch mit den Kindern, ratsam.

Hinweis
Diese Geschichte lässt sich sehr gut mit dem Fingerspiel „Im Stall von Bethlehem" von Seite 52 kombinieren.

Alle werden satt

Geschichte zur Speisung der 5000 (Matthäus 14,13-21; Markus 6,30-44; Johannes 6,1-15)

Diese Geschichte, geeignet für Kinder ab 4 Jahren, passt zum Thema „Teilen", etwa im Zusammenhang mit der biblischen Geschichte der Speisung der Fünftausend oder zu St. Martin.

Marie freute sich auf die Pfannkuchen, die es heute zum Mittagessen geben würde. Erwartungsvoll saß sie neben ihrer großen Schwester Anna in der Küche und schaute zu, wie ihre Mutter den Teig für die Pfannkuchen rührte.

Plötzlich klingelte das Telefon. Sofort sprang Anna auf und nahm den Hörer ab. Sicher war das wieder Linda, Annas beste Freundin, dachte Marie. Ständig hockten die beiden tuschelnd und kichernd zusammen. „Ja, klar", sagte Anna nun, „sicher kannst du gleich kommen. Bei uns gibt es heute Pfannkuchen. Du kannst gerne mit uns essen." Dabei warf sie ihrer Mutter einen fragenden Blick zu. Diese nickte nur lächelnd. „Das war nun wirklich die Höhe! Ausgerechnet heute, wo es Pfannkuchen gab, sollte Linda mit ihnen essen. Am Ende reichte es nicht für alle!", dachte Marie wütend. Da wurde die Küchentür mit Schwung aufgerissen. Herein stürmte Max, ihr Bruder, dicht gefolgt von seinem Freund Jan. „Mama, darf Jan heute zum Essen bleiben?" Max schnaufte atemlos und sah seine Mutter an. Auch jetzt nickte diese wieder nur und meinte dann: „Klar, wenn ihr schnell nach nebenan lauft und Jans Mutter fragt!" Noch ein Esser mehr. Marie fasste es nicht. Nun würden die Pfannkuchen niemals reichen. Gespannt sah sie dabei zu, wie ihre Mutter den Teig in die heiße Pfanne gab und beobachtete, wie Pfannkuchen um Pfannkuchen einen Turm auf einem großen Teller bildeten. Es waren genau so viele Pfannkuchen wie immer. Marie seufzte: „Das reichte ganz sicher nicht!" Jetzt kam auch noch Maries Vater und er war nicht alleine. Bei ihm war Lisa, Jans Schwester. „Schau mal, wer hier ist, Marie! Ich dachte mir, wenn Jan zu Besuch bei Max ist, freust du dich bestimmt darüber, mit Lisa zu spielen. Außerdem gibt es heute Pfannkuchen, da habe ich Lisa gleich zum Essen mitgebracht!" Marie wusste nun nicht mehr, ob sie lachen oder weinen sollte. Klar, sie freute sich darüber, das Lisa sie besuchte, aber gleichzeitig dachte sie an die Pfannkuchen. Ihr Vater sah sie fragend an. „Freust du dich denn nicht darüber, dass Lisa da ist?" Marie seufzte tief. „Doch schon", sagte sie schließlich zögernd, „aber heute gibt es Pfannkuchen und die mag ich doch so gerne. Jetzt reichen sie bestimmt nicht für alle." Betreten sahen ihre Eltern sich an. Schließlich schaute ihre Mutter Marie an. „Marie, ich bin mir ganz sicher, dass die Pfannkuchen für uns alle reichen. Du wirst schon sehen!" Kurz darauf saßen alle gemeinsam am Tisch. Als sie schließlich satt waren, gab es sogar noch Reste. Ein ganzer Pfannkuchen war übrig geblieben. „Für Marie zum Abendessen!", sagte ihre Mutter. Marie freute sich und teilte den Pfannkuchen sogar später mit Anna und Max. Sie dachte noch oft daran, dass alle satt werden, wenn man miteinander teilt.

Variante für Kinder ab 3 Jahren
Für jüngere Kinder kann die Geschichte gekürzt werden, indem die farbig gesetzten Passagen ausgelassen werden.

Teilen macht Spaß, aber es bedeutet auch, manchmal auf etwas verzichten zu müssen. Eine wichtige Erfahrung für Kinder. Teilen und jemand anderem eine Freude damit zu machen, fühlt sich gut an und stärkt das Selbstwertgefühl.

Rahel bereitet Jesus den Weg

Geschichte zum Einzug in Jerusalem (Matthäus 21,1-11; Lukas 19,28-40)

In dieser Geschichte machen die Kinder eine gedankliche Zeitreise zurück an den Tag, als Jesus in Jerusalem einritt. Spannend und direkt aus Kindersicht wird erzählt, wie das Ereignis damals von den Menschen erlebt wurde. Die Kinder hören davon, wie die Menschen Jesus einen besonders schönen Einzug bereitet haben, damit er, der Messias, nicht über den schmutzigen Weg reiten musste. Übrigens einen Weg, der nicht zu vergleichen ist mit den sauber geteerten Straßen und Bürgersteigen, die die Kinder heute aus ihrem Umfeld kennen. Ein Weg, der sicherlich sandig und staubig gewesen ist. Jesus ritt auch nicht auf einem prächtigen Pferd in die Stadt, sondern auf einem Esel, um den Menschen damit seine Bescheidenheit zu zeigen.

Rahel und ihr Bruder Simon saßen vor dem Haus und spielten mit Tonmurmeln. Da kam ganz aufgeregt ihr Vater angerannt. Schon von Weitem konnten die Kinder ihn rufen hören: „Stellt euch vor, Jesus ist auf dem Weg in die Stadt! Schon bald wird er hier sein und uns mit seinen Jüngern (Freunden) besuchen. Wir alle wollen ihm einen besonderen Empfang bereiten. Der Weg soll aussehen wie ein Teppich! Ich werde gleich nachsehen, ob eure Mutter mir ein Stück Stoff oder einen Umhang dafür geben kann.“ Damit verschwand ihr Vater im Haus.

Rahel und Simon sahen sich an. Auch sie waren jetzt sehr aufgeregt. Von Jesus hatten sie schon viel gehört. Viele Geschichten wurden über ihn erzählt. Er sollte Blinde sehend und Lahme wieder gehend gemacht haben. Auch für Kinder hatte er ein großes Herz. Alle durften sie zu ihm kommen und nie störten sie ihn! „Ich möchte auch ein Stück Weg für Jesus bereiten!“ Rahel war sofort Feuer und Flamme. Simon nickte begeistert. Natürlich wollte auch er dabei helfen. Doch was nun? Womit sollten sie Jesus ein Stück des Teppichs gestalten?

Der **Palmsonntag** ist der erste Tag der Karwoche. Mit ihm beginnt die letzte Passionswoche, die im christlichen Glauben eine maßgebliche Rolle spielt. Während der Karwoche gedenkt man dem Tod und der Auferstehung von Jesus Christus.

Am Palmsonntag wird vom Einzug Jesu in Jerusalem berichtet. Im Neuen Testament steht geschrieben, dass Jesus vom Ölberg aus kommend, vor dem Passahfest, in Jerusalem auf einem Esel einreitet. Die Bevölkerung jubelte Jesus als dem Messias dabei zu:

„Hosanna dem Sohn Davids! Gesegnet sei er, der kommt im Namen des Herrn. Hosanna in der Höhe!“

Bereits kurz danach jedoch bezeichnete das Volk Jesus als Verräter und forderte dessen Kreuzigung.

Heute beginnt in der katholischen Kirche die Heilige Messe am Palmsonntag mit der Weihe der Palmzweige durch den Priester. Als Ersatz für die Palmwedel findet häufig Buchsbaum Verwendung. In einer feierlichen Prozession wird das Kreuz in die Kirche gebracht. Dadurch soll an Jesus erinnert werden. Oftmals tragen die Kinder dabei Buchsbaumzweige in den Händen. Im Anschluss an den Gottesdienst nehmen die Gläubigen die geweihten Zweige mit nach Hause. Sie sollen Segen bringen und Unglück abhalten.

Angestrengt überlegten die beiden Kinder. Da hatte Rahel eine Idee. „Ich weiß jetzt, was wir machen! Komm schnell mit mir in den Garten, Simon!“ Damit lief sie los und Simon folgte ihr auf der Stelle. Im Garten wuchsen Palmen. Die meisten Bäume waren viel zu hoch für Rahel und Simon. Doch es gab auch zwei kleinere Bäume. Ihr Vater hatte sie zur Geburt der Kinder gepflanzt. Dorthin lief Rahel. Simon, der dicht hinter ihr war, blieb nun stehen und schaute Rahel fragend an. „Was machst du denn bei den Palmen?“ Rahel erklärte es ihm sofort: „Wir pflücken Blätter von den Palmen. Die Palmwedel legen wir dann auf den Weg für Jesus. Du wirst schon sehen, darüber freut er sich sicher!“ So machten es die Kinder.

Bereits wenig später liefen Rahel, Simon und ihre Eltern zum Stadttor. Viele Menschen warteten dort schon gespannt auf Jesus. Immer aufgeregter wurden die Leute und redeten wie wild durcheinander. Dann kam Jesus. Ganz bescheiden ritt er auf einem grauen Esel durch das Tor. Sofort begannen die Menschen damit, Tücher und Kleidungsstücke auf dem Weg auszubreiten. Rahel und Simon legten ihre Palmwedel dazu und schon bald machten es ihnen viele Menschen nach. Als Jesus an Rahel vorbeiritt, lächelte er ihr zu. Rahel war ganz sicher, dass sie diesen Tag niemals vergessen würde!

Jule und das Aschenkreuz

Geschichte zum Aschermittwoch

Jule und ihre Großmutter gingen in die Kirche. Jule wunderte sich ein wenig darüber. Es war mitten in der Woche! Normalerweise ging sie immer sonntags mit ihren Eltern in die Kirche, aber Oma hatte gesagt, heute wollte sie gerne zur Messe gehen. Weil mittwochs immer ihr Oma-Tag war, ging Jule mit.

Jule fand es schön in der Kirche. Sie mochte es, wenn die Sonne durch die großen Fenster schien und vor allen Dingen gefiel ihr das gemeinsame Singen zur Orgelmusik. Heute fand sie die Lieder ein wenig traurig, aber dann hörte sie, wie der Pfarrer erzählte, heute wäre Aschermittwoch. Das klang ja auch nicht wirklich lustig! Dann passierte noch etwas Besonderes während des Gottesdienstes. Wenn ihre Großmutter zur Kommunion ging, durfte Jule immer mitgehen. Der Pfarrer sprach dann immer einen Segen für sie und zeichnete dabei ein Kreuz auf ihre Stirn. Doch heute ging ihre Oma zweimal mit Jule zum Altar und jetzt zeichnete der Pfarrer auch ihrer Oma ein Kreuz auf die Stirn! Jule staunte und stutzte. „Oma", flüsterte Jule. „Du hast da Schmutz auf der Stirn." Oma schüttelte lächelnd den Kopf. „Nein", flüsterte sie zurück, „das ist kein Schmutz. Ich erzähle dir nach der Messe, was das ist."

Auf dem Weg nach Hause erzählte Oma dann: „Heute ist Aschermittwoch, Jule. Am Aschermittwoch ist Karneval vorbei. Erinnerst du dich an die Palmzweige, die ich zu Hause hinter das Kreuz in der Küche gesteckt habe?" Jule nickte. „Nun, solche Palmzweige werden zum Aschermittwoch verbrannt und mit der Asche zeichnet uns der Pfarrer dann in der Messe ein Kreuz auf die Stirn, auch auf deine Stirn. Das soll uns an Jesus erinnern. Außerdem beginnt am Aschermittwoch auch die Fastenzeit." Oma schmunzelte, als Jule das Gesicht verzog. „Keine Sorge, Jule", meinte sie dann. „Du bekommst sicher noch genügend Süßigkeiten bis Ostern!"

Am Aschermittwoch beginnt die 40-tägige Fastenzeit, die bis zum Karsamstag dauert. Sie erinnert an die 40 Tage, die Jesus fastend in der Wüste verbracht hat, um nach seiner Taufe durch Johannes über sein Leben nachzudenken (Matthäus 4,1-11; Lukas 4,1-13). Als Zeichen der Buße zeichnet der Pfarrer den Gläubigen am Aschermittwoch ein Aschenkreuz auf die Stirn.

Jule backt ein Osterlamm

Geschichte zum verlorenen Schaf (Lukas 15,1-17), für Kinder ab 4 Jahren

Jule hatte bei ihrer Oma übernachtet. Heute Mittag würden ihre Eltern sie wieder abholen kommen. Davor hatte ihre Oma aber noch eine Überraschung für Jule. „Was das wohl ist?“, überlegte Jule. Da rief Oma sie auch schon in die Küche. Dort standen viele Dinge auf dem Tisch: Butter und Zucker, Milch und Mehl, eine große Schüssel ... „Wir backen!“, rief Jule. „Was backen wir denn, Oma? Bestimmt einen Kuchen, oder?“ Oma lachte. „Fast, Jule. Wir backen ein Osterlamm. Schau mal, hier habe ich eine Form dafür.“ Damit holte sie eine Backform aus dem Schrank, die aussah wie ein kleines Schaf. Gesagt, getan. Mit Feuereifer rührte Jule den Teig und füllte diesen mit Hilfe ihrer Oma in die Backform. Als das Lamm im Ofen backte, durfte Jule die Teigreste aus der Schüssel naschen. „Du, Oma“, fragte sie dabei. „Wieso backen wir eigentlich ein Lamm?“ Oma überlegte kurz. Dann erzählte sie:

„Nun, es gibt gleich mehrere Gründe für das Lamm zu Ostern. Einmal ist ein Lamm ein Tierkind. Wie bei jedem anderen Kind, das geboren wird, freuen wir uns über das neue Leben. Lämmer sind außerdem weiß. Sie haben also ein besonders sauberes Fell, ein Zeichen für Reinheit, also dafür, dass sie ganz unschuldig sind. Sie sind gerade erst auf die Welt gekommen und haben noch nichts erlebt. Keinen Streit und auch sonst nichts. Wie sollten sie auch? Schließlich sind sie die Kinder von Schafen, also von besonders gutmütigen Tieren. Sie erinnern uns Menschen daran, in Frieden miteinander zu leben. Ganz besonders aber erinnert uns das Lamm an Jesus. Daran, dass er sich um die Menschen gekümmert hat, wie ein Hirte um seine Schafe. Jesus hat auf alle gut achtgegeben, egal, ob sie arm oder reich, gut oder böse waren.“

Am nächsten Tag war Ostersonntag. Nachmittags ging Jule mit ihren Eltern wieder zu ihrer Oma. Sie hatte das Buch dabei, das der Osterhase ihr gebracht hatte und freute sich schon darauf, wenn Oma ihr daraus vorlesen würde. Bei ihrer Oma war schon der Tisch gedeckt. In der Mitte stand ein Teller mit dem Osterlamm und daneben lag ein kleines Stofflamm! „Für dich, Jule.“, sagte ihre Oma. „Vom Osterhasen.“ Jule strahlte.

Variante für Kinder ab 3 Jahren
Das Lamm hat als Symbol gleich mehrere Bedeutungen. Beim Lesen der Geschichte für jüngere Kinder ist es sinnvoll, eine der Bedeutungen als Schwerpunkt zu wählen.

Hinweis
Die Geschichte kann durch die Bewegungsgeschichte „Ein Lamm auf der Wiese“ von Seite 41 ergänzt werden.

Sarah, Peter und der Nikolaus

Nikolaus-Geschichte für Kinder ab 4 Jahren

Morgen war Nikolaustag! Die Zwillinge Sarah und Peter hatten gerade ihre Gummistiefel auf Hochglanz poliert und gut sichtbar vor den Schuhschrank im Flur gestellt, als ihr großer Bruder Hendrik dazukam. „Na, ihr Zwerge! Wart ihr denn auch brav? Sonst kommt am Ende der Nikolaus nicht." Dazu lachte Hendrik so, dass Sarah und Peter nicht wussten, ob er es ernst meinte. Bevor sie ihn fragen konnten, war Hendrik dann aber auch schon in sein Zimmer verschwunden. Da kam ihre Mutter dazu. „Eure Stiefel blinken ja richtig! So sauber waren sie schon lange nicht mehr." Anerkennend zog sie die beiden Kinder an sich. Sarah schaute ihre Mutter an. „Glaubst du denn, dass der Nikolaus uns etwas in die Stiefel steckt?" Peter dachte daran, dass er in letzter Zeit schon manchmal Blödsinn gemacht hatte. Hoffentlich nahm das jetzt kein böses Ende! Ihre Mutter sah sie an. „Hat Hendrik euch geärgert?" Sarah nickte. „Nun", meinte ihre Mutter. „Bei der Mühe, die ihr euch gemacht habt, kommt bestimmt der Nikolaus zu euch." Erleichtert sahen Sarah und Peter sich an.

„Wisst ihr was?", ihre Mutter lachte. „Was haltet ihr davon, wenn wir uns einen Kakao kochen und ein paar von unseren selbst gebackenen Keksen dazu essen? Dazu erzähle ich euch dann eine Geschichte vom Nikolaus." Eine gute Idee, fanden die Kinder und bereits kurz danach saßen sie zu dritt am Küchentisch und ihre Mutter begann zu erzählen:

„Vor langer Zeit lebte in der Stadt Myra ein Bischof. Sein Name war Nikolaus. Nikolaus kam aus einer sehr reichen Familie, die aber auch bekannt dafür war, dass sie Menschen half, denen es nicht so gut ging. Als seine Eltern an einer schweren Krankheit starben, verteilte Nikolaus alles, was er besaß, unter den Armen und entschied sich dazu, Priester zu werden. Bald verehrten ihn die Menschen so sehr, dass sie ihn zum Bischof wählten. Nikolaus half immer dann, wenn er Not sah. So hat er eines Tages von einer Familie gehört, die so arm war, dass der Vater nicht wusste, wie er seine drei Töchter verheiraten konnte. Nikolaus schlich sich in der Nacht zum Haus der Familie und legte drei goldene Kugeln auf die Betten der Töchter. Als diese am Morgen erwachten, war die Freude groß. Die Geschichte ist so bekannt geworden, dass bis heute viele Kinder auf der Welt am Abend vor dem Nikolaustag ihre Stiefel aufstellen, damit der Nikolaus ihnen etwas hineinlegt."

An diesem Abend gingen Sarah und Peter beruhigt ins Bett. Sie hatten nun keine Angst mehr davor, dass der Knecht Ruprecht zu ihnen kommen könnte. Als sie am nächsten Morgen wach wurden, liefen sie schnell in den Flur. Sofort sahen sie, dass ihre Stiefel mit Schokolade, Obst und Nüssen gefüllt waren und ganz oben auf jedem Stiefel lag eine goldene Nuss!

Variante für Kinder ab 3 Jahren
Wird die eingeschobene Erzählung im Mittelteil der Geschichte ausgelassen, ist sie auch für jüngere Kinder gut geeignet.

Hinweis
Auf Seite 50 findet sich ein passendes Fingerspiel zum Nikolaus.

Nikolaus ist einer der bekanntesten Heiligen. Er war in der ersten Hälfte des 4.Jahrhunderts Bischof von Myra, das heute in der Türkei liegt. Geboren wurde Nikolaus vermutlich im Jahr 280 nach Christus in Griechenland.
Bereits im Mittelalter entstand der Brauch der Bescherung am 6. Dezember, dem Todestag des Heiligen Nikolaus.

Klanggeschichten

Musik macht Spaß und durch den Einsatz der einfachen Instrumente kann jeder sofort mitmachen. Wichtig ist, dass jedes Kind eine Rolle, also ein Instrument, bekommt. Mehrfachbesetzungen sind also nicht nur möglich, sondern erwünscht. Vor der Umsetzung der Klanggeschichte lernen die Kinder zunächst jeweils deren Inhalt und die Handhabung der Instrumente kennen.

Die Schöpfungsgeschichte

Klanggeschichte zur Schöpfung (1. Mose/ Genesis 1,1-2,4a)

Instrumente:

Dunkelheit: *Becken;* Gott: *Fingerzimbeln;* Licht: *Glockenspiel mit Holzschlägel;* Himmel: *Triangel mit Schlägel;* Wasser: *Ocean Drum;* Erde: *Holzblocktrommel mit Filzschlägel;* Sonne: *Holzklangstäbe;* Mond: *Metallklangstäbe;* Sterne: *Schellenkranz;* Tiere: *Handtrommel;* Menschen: *Maracas;* Ruhetag: *Klangschale mit Schlägel*

Am Anfang war überall Dunkelheit.	Becken kräftig aneinander schlagen
Da schuf Gott am ersten Tag	Fingerzimbel aneinander schlagen
das Licht.	mit dem Schlägel über die Platten des Glockenspiels streichen
Die Dunkelheit verschwand und alles wurde ganz hell.	Becken kräftig aneinander schlagen
Am zweiten Tag schuf Gott den weiten blauen	Fingerzimbel aneinander schlagen
Himmel.	Triangel mit dem Schlägel anschlagen
Am dritten Tag schuf Gott	Fingerzimbel aneinander schlagen
das Wasser und	Ocean Drum hin und her bewegen
die Erde. Flüsse und Seen, Meere und Berge, Wüsten und Täler waren nun überall auf der Welt zu sehen.	mit dem Filzschlägel mehrfach auf die Holzblocktrommel schlagen
Am vierten Tag schuf Gott	Fingerzimbel aneinander schlagen
die Sonne,	Holzklangstäbe aneinander schlagen
den Mond und	Metallklangstäbe aneinander schlagen
die Sterne. Nun gab es Tag und Nacht auf der Welt.	Schellenkranz locker aus der Hand heraus bewegen
Am fünften Tag schuf Gott	Fingerzimbel aneinander schlagen
die Tiere.	mit der flachen Hand auf das Fell der Handtrommel schlagen
Im Wasser und auf der	Ocean Drum hin und her bewegen
Erde war es jetzt lebendig geworden.	mit dem Filzschlägel mehrfach auf die Holzblocktrommel schlagen
Am sechsten Tag schuf Gott	Fingerzimbel aneinander schlagen
die Menschen.	Maracas rhythmisch hin und her bewegen
Gott freute sich über sein Werk, aber er war jetzt auch müde geworden.	Fingerzimbel aneinander schlagen
Deshalb beschloss er, den siebten Tag zum Ruhetag zu machen!	Klangschale mit dem Schlägel anschlagen

Auf der Arche Noah

Klanggeschichte zur biblischen Erzählung (1. Mose/Genesis 6-9)

Instrumente:

Gott: *Klangschale mit Schlägel;* Welt: *Holzblocktrommel mit Filzschlägel;* Menschen: *Maracas;* Noah: *Zimbel mit Schlägel;* Sintflut: *Becken;* Familie: *Rassel-Ei;* Schiff: *Holzklangstäbe;* Tiere: *Handtrommel;* Regen: *Regenmacher;* Wasser: *Ocean Drum;* Taube: *Metallklangstäbe*

Viele Jahre waren vergangen, seit Gott	Klangschale mit Schlägel anschlagen
die Welt erschaffen hatte.	mit dem Holzschlägel auf die Holzblocktrommel schlagen
Gott war nun traurig, wenn er sah, was aus	Klangschale mit Schlägel anschlagen
den Menschen geworden war.	Maracas rhythmisch hin und her bewegen
Die Menschen dachten nur noch an sich und	Wdh.
glaubten nicht mehr an Gott.	Klangschale mit Schlägel anschlagen
Gott hatte es inzwischen bereut,	Wdh.
die Menschen erschaffen zu haben.	Maracas rhythmisch hin und her bewegen
Ein Mann aber glaubte immer noch an Gott.	Klangschale mit Schlägel anschlagen
Sein Name war Noah.	Zimbel mit Schlägel leicht anschlagen
Gott beschloss,	Klangschale mit Schlägel anschlagen
der Welt	mit dem Holzschlägel auf die Holzblocktrommel schlagen
eine große Sintflut zu schicken und damit	Becken aneinander schlagen
die Welt zu vernichten. Nur Noah	Zimbel mit Schlägel leicht anschlagen
und seine Familie sollten davon verschont bleiben.	Rassel-Ei schütteln
Gott sagte	Klangschale mit Schlägel anschlagen
zu Noah,	Zimbel mit Schlägel leicht anschlagen
er solle ein großes Schiff bauen.	Holzklangstäbe mehrfach aneinander schlagen
Ein Schiff	Wdh.
für Noah	Zimbel mit Schlägel leicht anschlagen
und seine Familie.	Rassel-Ei schütteln
Außerdem sollte Noah	Zimbel mit Schlägel leicht anschlagen
von allen Tieren je zwei Stück mit	mit flacher Hand auf das Fell der Handtrommel schlagen
auf das Schiff nehmen.	Holzklangstäbe mehrfach aneinander schlagen
Noah machte,	Zimbel mit Schlägel leicht anschlagen
was Gott ihm gesagt hatte.	Klangschale mit Schlägel anschlagen
Viele Wochen lang baute Noah	Zimbel mit Schlägel leicht anschlagen
an dem großen Schiff.	Holzklangstäbe mehrfach aneinander schlagen
Eines Tages war es dann soweit.	
Es begann zu regnen.	Regenmacher langsam hin und her drehen
Noah,	Zimbel mit Schlägel leicht anschlagen

seine Familie
und die Tiere
gingen auf das Schiff.
Der Regen wurde immer stärker.
Das Wasser rund um
das Schiff stieg an.
Das Schiff begann zu schaukeln und schon
bald schwamm es auf dem Wasser.

Viele Wochen lang regnete es. Dann endlich
hörte der Regen auf.
Noah
ließ eine Taube fliegen.

Bald kehrte die Taube mit einem Olivenzweig
im Schnabel zum Schiff zurück.
Noah,
seine Familie
und die Tiere freuten sich.
Endlich war die Sintflut vorbei!

Rassel-Ei schütteln
mit flacher Hand auf das Fell der Handtrommel schlagen
Holzklangstäbe mehrfach aneinander schlagen
Regenmacher langsam hin und her drehen
Ocean Drum hin und her bewegen
Holzklangstäbe mehrfach aneinander schlagen
Wdh.
Ocean Drum hin und her bewegen

Regenmacher langsam hin und her drehen
Regenmacher einmal schnell hin und her drehen
Zimbel mit Schlägel leicht anschlagen
Metallklangstäbe aneinander schlagen

Metallklangstäbe aneinander schlagen
Holzklangstäbe mehrfach aneinander schlagen
Zimbel mit Schlägel leicht anschlagen
Rassel-Ei schütteln
mit flacher Hand auf das Fell der Handtrommel schlagen
Becken aneinander schlagen

Die Farben des Regenbogens

Klanggeschichte zur Arche Noah

Ein Regenbogen begeistert Kinder und Erwachsene gleichermaßen. Er ist farbenfroh und wirkt positiv. In der Bibel steht der Regenbogen für Gottes Verbundenheit mit den Menschen. Gott schickte Noah nach der Sintflut einen Regenbogen als Zeichen der Versöhnung.

Instrumente:

Regenbogen: *Metallophon mit Schlägel;* Rot: *Handtrommel;* Orange: *Holzklangstäbe;* Gelb: *Triangel mit Schlägel;* Grün: *Zimbel mit Schlägel;* Blau: *Ocean Drum oder Regenstab;* Violett: *Klangschale mit Schlägel*

Nach 15 langen Wochen war die Sintflut endlich vorüber. Darüber freuten sich Noah und seine Familie sehr. Sie dankten Gott dafür. Als dieser das sah, schickte er einen Regenbogen zum Zeichen für seinen Frieden mit den Menschen.	langsam mit dem Schlägel über die Platten des Metallophons streichen
Der Regenbogen	Wdh.
erstrahlte leuchtend in den schönsten Farben.	
Die erste Farbe des Regenbogens	Wdh.
war ein leuchtendes Rot.	mit der flachen Hand mehrfach leicht auf das Fell der Handtrommel schlagen
Rot wie die Liebe Gottes zu den Menschen.	Wdh.
Nach dem Rot	Wdh.
kam das Orange.	Klangstäbe aus Holz mehrfach aneinander schlagen
Das Orange strahlte so warm wie die Flammen	Wdh.
einer Kerze oder eines Feuers. Nach dem Orange	Wdh.
kam ein helles Gelb. So gelb wie die Sonne oder	Triangel mit dem Schlägel anschlagen
wie die gelben Ähren auf dem Feld. Nach dem	
Gelb	Wdh.
kam ein leuchtendes Grün.	Zimbel mit einem Schlägel anschlagen
Nach dem Grün	Wdh.
kam ein kühles Blau. So blau wie der Himmel oder	Ocean Drum langsam hin und her bewegen
wie das Wasser des Meeres.	
Zum Schluss kam das ruhige Violett.	mit dem Schlägel leicht über die Innenseite der Klangschale streichen
Das Violett erinnerte an blühende Blumen im	Wdh.
Frühling. Noah und seine Familie fühlten sich Gott nun noch stärker verbunden!	

Martin und der arme Mann

Klanggeschichte zu St. Martin

Kinder lieben die Geschichte, in der St. Martin seinen Umhang mit dem armen Mann geteilt hat. Die musikalische Umsetzung lässt die Kinder das Ereignis hautnah miterleben.

Instrumente:

Frost: *Klangstäbe aus Metall;* Martin: *Zimbel mit Schlägel;* Hufe: *Klangstäbe aus Holz;* Armer Mann: *Metallophon mit Schlägel;* Schwert: *Handtrommel;* Umhang: *Klangschale mit Schlägel*

In einer frostig kalten Nacht	Klangstäbe aus Metall mehrfach aneinander schlagen
ritt Martin, ein römischer Soldat, auf seinem	Zimbel mit Schlägel anschlagen
Pferd durch eine kleine Stadt. Dabei klapperten	
die Hufe seines Pferdes laut auf dem	Klangstäbe aus Holz mehrfach aneinander schlagen
gefrorenen Boden.	Klangstäbe aus Metall mehrfach aneinander schlagen
Am Wegesrand saß ein armer Mann.	langsam mit dem Schlägel über das Metallophon streichen
Martin zog die Zügel seines Pferdes an und hielt	Zimbel mit Schlägel anschlagen
vor dem armen Mann.	langsam mit dem Schlägel über das Metallophon streichen
Martin	Zimbel mit Schlägel anschlagen
hatte Mitleid mit dem armen Mann.	langsam mit dem Schlägel über das Metallophon streichen
Deshalb nahm Martin sein	Zimbel mit Schlägel anschlagen
Schwert und teilte damit	mit einem Finger schnell über die Handtrommel streichen
seinen warmen Umhang in zwei Teile.	Klangschale mit Schlägel anschlagen
Martin gab	Zimbel mit Schlägel anschlagen
dem armen Mann die Hälfte	langsam mit dem Schlägel über das Metallophon streichen
des warmen Umhangs.	Klangschale mit Schlägel anschlagen
Der arme Mann wollte sich	langsam mit dem Schlägel über das Metallophon streichen
bei Martin bedanken.	Zimbel mit Schlägel anschlagen
Martin aber ritt bereits schnell davon. Dabei klap-	Zimbel mit Schlägel anschlagen
perten die Hufe seines Pferdes wieder laut	Klangstäbe aus Holz mehrfach aneinander schlagen
auf dem gefrorenen Boden.	Klangstäbe aus Metall mehrfach aneinander schlagen
Der arme Mann war sehr froh! Er hüllte sich	langsam mit dem Schlägel über das Metallophon streichen
in den warmen Umhang.	Klangschale mit Schlägel anschlagen
Nun musste er nicht länger frieren!	Klangstäbe aus Metall mehrfach aneinander schlagen

Der Auszug aus Ägypten

Klanggeschichte zur biblischen Erzählung (2.Mose/Exodus 3,17-15,21)

Viel ist passiert, bevor das Volk Israel Ägypten verlassen konnte. Doch dann war es endlich soweit. Die Israeliten befanden sich schon auf dem Weg nach Kanaan, als der Pharao es dann doch bereute, sie ziehen gelassen zu haben. Er schickte daraufhin 600 Kampfwagen und Reiter aus. Damals ein unvorstellbar großes Heer, um die Israeliten wieder zurück nach Ägypten zu bringen.

Instrumente:

Pharao: *Pauken;* **Israeliten:** *Metallklangstäbe;* **Mose:** *Klangschale mit Schlägel;* **Wolkensäule:** *Rassel-Ei;* **Feuersäule:** *Maracas;* **Kampfwagen und Reiter:** *Holzklangstäbe;* **Gott:** *Fingerzimbeln;* **Meer:** *Ocean Drum;* **Wind:** *Handtrommel*

Weder eine List von Moses und seinem Bruder Aaron, bei der sie den Pharao darum baten, die Israeliten in die Wüste ziehen zu lassen, um vor einer Pest verschont zu bleiben, noch neun der zehn Plagen, die Gott den Ägyptern schickte, konnten den Pharao dazu bewegen, die Israeliten ziehen zu lassen. Denn dadurch hätte er viele Arbeitskräfte (Sklaven) verloren. Die zehnte Plage jedoch brachte den Pharao zum Einlenken:

Ein Todesengel ging durch die Straßen der Stadt und tötete alle erstgeborenen Söhne. Nur die Israeliten wurden davon verschont. Gott hatte ihnen befohlen, ein Festmahl zu feiern und dazu Lämmer zu schlachten. Mit dem Blut der Lämmer sollten sie die Türen ihrer Häuser kennzeichnen. Das sollte ein Hinweis für den Todesengel sein, diese Häuser zu verschonen.

Der Pharao ärgerte sich. Warum nur hatte er die Israeliten ziehen lassen?
Mose und
die Israeliten aber freuten sich. Endlich hatten sie Ägypten und den Pharao hinter sich gelassen und waren auf dem Weg nach Kanaan. Auf ihrem Weg folgten Mose
und die Israeliten tagsüber einer
Wolkensäule und nachts einer
Feuersäule.
Der Pharao aber hatte inzwischen eine Idee gehabt und 600 Kampfwagen und Reiter losgeschickt, um die Israeliten wieder zurückzuholen.
Die Israeliten waren gerade
am Meer angekommen, als sie
die Kampfwagen und die Reiter
des Pharaos hörten. Sofort brach Angst und Unruhe unter den Israeliten aus!
Da betete Mose
zu Gott.
Er riet Mose, seinen Stab zu heben und diesen über dem Meer auszustrecken. Sofort kam
ein starker Wind auf.
Das Meer teilte sich in der Mitte
und der Wind trocknete den Meeresboden.
Mose
und die Israeliten konnten nun
das Meer durchqueren.
Doch als die Kampfwagen und die Reiter
des Pharaos ihnen folgen wollten, passierte etwas Seltsames: Die schweren Kampfwagen und die Reiter kamen nicht mehr vorwärts. Die Israeliten hatten inzwischen das andere Ufer erreicht.
Mose streckte wieder seinen Stab über
dem Meer aus.
Da kam erneut ein Wind auf.
Das Meer schloss sich wieder.
Die Israeliten freuten sich: endlich waren sie frei!

Pauken aneinander schlagen
Metallklangstäbe aneinander schlagen
Klangschale mit Schlägel anschlagen
Metallklangstäbe aneinander schlagen
Pauken aneinander schlagen

Klangschale mit Schlägel anschlagen
Metallklangstäbe aneinander schlagen
Rassel-Ei schütteln
Maracas leicht hin und her schütteln
Pauken aneinander schlagen
Holzklangstäbe rhythmisch aneinander schlagen
Metallklangstäbe aneinander schlagen
Wdh.
Ocean Drum hin und her bewegen
Holzklangstäbe rhythmisch aneinander schlagen
Pauken aneinander schlagen
Metallklangstäbe aneinander schlagen
Klangschale mit Schlägel anschlagen
Fingerzimbeln aneinander schlagen
Klangschale mit Schlägel anschlagen
Ocean Drum hin und her bewegen
mit flacher Hand über das Fell der Handtrommel streichen
Ocean Drum hin und her bewegen
mit flacher Hand über das Fell der Handtrommel streichen
Klangschale mit Schlägel anschlagen
Metallklangstäbe aneinander schlagen
Ocean Drum hin und her bewegen
Holzklangstäbe rhythmisch aneinander schlagen
Pauken aneinander schlagen
Holzklangstäbe rhythmisch aneinander schlagen
Metallklangstäbe aneinander schlagen

Klangschale mit Schlägel anschlagen
Ocean Drum hin und her bewegen
mit flacher Hand über das Fell der Handtrommel streichen
Ocean Drum hin und her bewegen
Metallklangstäbe aneinander schlagen

Ein Stern über Bethlehem

Klanggeschichte zur Geburt Jesu

Instrumente:

Stern: *Metallophon mit Schlägel;* Kind: *Klangschale mit Schlägel;* Maria: *Triangel mit Schlägel;* Josef: *Fingerzimbeln;* Ochse: *Tamburin mit Schellen;* Esel: *Handtrommel;* Glöckchen: *Schellenkranz;* Hirten: *Holzklangstäbe;* Engel: *Glockenspiel mit Schlägel;* Sternendeuter: *Metallklangstäbe*

In einer stillen Nacht in Bethlehem, da leuchtete ein heller Stern.
Der Stern leuchtete über einem kleinen, alten Stall.
In dem Stall stand eine Krippe und in der Krippe, da lag ein kleines Kind.
Neben dem Kind in der Krippe knieten seine Eltern, sie hießen Maria und
Josef.
Maria
und Josef freuten sich sehr und betrachteten staunend ihr Kind in der Krippe!
Aber nicht nur Maria
und Josef freuten sich über
das Kind. Denn außer ihnen waren auch noch zwei Tiere in dem kleinen Stall.
Ein alter Ochse und
ein struppiger Esel standen ebenfalls ganz nah neben dem
Kind an der Krippe und wärmten es mit ihrem Atem. Auf einmal schien es so, als ob der
Stern über dem Stall noch heller leuchten würde.
Maria
und Josef,
der Ochse
und der Esel,
ja selbst
das Kind in der Krippe lauschten, als sie das Blöken von Schafen und den leisen Klang vieler kleiner Glöckchen hörten.
Allmählich wurde der Klang der Glöckchen lauter.
Es waren Hirten mit ihren Schafen.

Ein Engel hatte ihnen von der Geburt
des Kindes erzählt. Sie gingen vorsichtig zu Krippe und freuten sich sehr, als das Kind sie anlächelte!

mit dem Schlägel über die Platten des Metallophons streichen
Wdh.

Klangschale leicht mit dem Schlägel anschlagen
Wdh.
Triangel mit dem Schlägel anschlagen
Fingerzimbeln anschlagen
Triangel mit dem Schlägel anschlagen
Fingerzimbeln anschlagen
Klangschale leicht mit dem Schlägel anschlagen
Triangel mit dem Schlägel anschlagen
Fingerzimbeln anschlagen
Klangschale leicht mit dem Schlägel anschlagen

mit der flachen Hand auf das Tamburin schlagen
mit der flachen Hand auf das Fell der Handtrommel schlagen
Klangschale leicht mit dem Schlägel anschlagen
mit dem Schlägel über die Platten des Metallophons streichen
Triangel mit dem Schlägel anschlagen
Fingerzimbeln anschlagen
mit der flachen Hand auf das Tamburin schlagen
mit der flachen Hand auf das Fell der Handtrommel schlagen
Klangschale leicht mit dem Schlägel anschlagen

den Schellenkranz ganz leicht bewegen
den Schellenkranz schneller bewegen
Holzklangstäbe aneinander schlagen
mit dem Schlägel über die Platten des Glockenspiels streichen
Klangschale leicht mit dem Schlägel anschlagen
Wdh.

Einige Zeit später erschien es **Maria**	**Triangel** mit dem Schlägel anschlagen
und **Josef**,	**Fingerzimbeln** anschlagen
dem **Kind** in der Krippe,	**Klangschale** leicht mit dem Schlägel anschlagen
dem **Ochsen**	mit flacher Hand auf das **Tamburin** schlagen
und dem **Esel** und auch	mit flacher Hand auf das Fell der **Handtrommel** schlagen
den **Hirten** so, als ob	**Holzklangstäbe** aneinander schlagen
der **Stern** über dem kleinen, alten Stall noch ein wenig heller strahlen würde. Alle lauschten gespannt. Plötzlich betraten drei Männer den Stall.	mit dem Schlägel über die Platten des **Metallophons** streichen
Es waren drei **Sternendeuter**.	**Metallklangstäbe** dreimal aneinander schlagen
Auch die drei **Sternendeuter** hatten	**Wdh.**
von dem **Kind** gehört und waren	**Klangschale** leicht mit dem Schlägel anschlagen
dem hellen **Stern** zur Krippe gefolgt.	mit dem Schlägel über die Platten des **Metallophons** streichen
Nun waren alle um das **Kind** versammelt:	**Klangschale** leicht mit dem Schlägel anschlagen
Maria	**Triangel** mit dem Schlägel anschlagen
und **Josef**,	**Fingerzimbeln** anschlagen
der **Ochse**	mit flacher Hand Hand auf das **Tamburin** schlagen
und der **Esel**,	mit flacher Hand auf das Fell der **Handtrommel** schlagen
die **Hirten**	**Holzklangstäbe** aneinander schlagen
und die drei **Sternendeuter**	**Metallklangstäbe** dreimal aneinander schlagen
und über allem strahlte der helle **Stern**!	mit dem Schlägel über das **Metallophon** streichen

Bewegungsgeschichten

Die Bewegungsgeschichten auf den folgenden Seiten bringen Schwung in die religiösen Angebote. Sie setzen das neue Wissen direkt in einen Zusammenhang mit den Bewegungen und lockern so das jeweilige Thema auf.

Der leuchtende Regenbogen

Bewegungsgeschichte zum Regenbogen

Der Regenbogen gehört zu den archetypischen Symbolen, den sogenannten Ur-Bildern der Seele. Weitere Informationen siehe Seite 26 oben bei der Klanggeschichte „Die Farben des Regenbogens".

Draußen scheint die Sonne.
Plötzlich ist ein lauter Donner zu hören.

mit den Händen einen großen Kreis in die Luft **malen**.
fest mit den Füßen auf den Boden **stampfen**.

Am Himmel erscheinen dunkle Wolken.

mit dem Finger nach oben **deuten**.

Erste Regentropfen fallen herab.

mit den Fingern langsam fallenden Regen **andeuten**.

Es regnet immer stärker.

mit den Fingern schnell fallenden Regen **andeuten**.

Da erscheint auf einmal ein leuchtend bunter Regenbogen am Himmel!

mit ausgestreckten Armen einen großen Bogen in die Luft **malen**.

Hinweis
Dieses Bewegungsspiel lässt sich gut zum Thema „Arche Noah" einsetzen, zu dem in diesem Buch noch zahlreiche Angebote zu finden sind (s. S. 24, 26, 48 und 49).

Der Turmbau zu Babel

Bewegungsgeschichte zur biblischen Erzählung (1.Mose; Genesis 11,1-9)

In der großen Stadt soll ein Turm gebaut werden. Du möchtest dabei mithelfen und läufst schnell dorthin.	auf der Stelle **laufen**
Als du dort ankommst, siehst du, dass die Arbeit bereits begonnen hat. Der Turm ist schon ein ganzes Stück in den Himmel gewachsen.	auf die Zehenspitzen **stellen** und den Oberkörper **strecken**, dabei die Hand an die Stirn **halten** und nach oben **schauen**
Rasch läufst du zum Turm. Du siehst einen Haufen großer und schwerer Steine neben dem Turm liegen.	auf der Stelle **laufen** die Hand an die Stirn **halten** und nach vorne **schauen**
Du hebst einen der Steine auf. Er ist sehr schwer. Du trägst den schweren Stein über viele Stufen den Turm hoch.	in die Hocke **gehen**, mit den Händen einen imaginären schweren Stein **aufheben**, dann mit dem „Stein" in den Händen langsam wieder **aufrichten**, dabei mit den Füßen auf der Stelle eine steigende Bewegung **ausführen**
Endlich bist du oben angekommen und legst dort den schweren Stein auf ein angefangenes Mauerstück.	den imaginären Stein in den Händen **halten**; Oberkörper nach unten **beugen** und den „Stein" **ablegen**
Nun steigst du die Stufen des Turms wieder herab. Als du wieder unten angekommen bist, hebst du einen zweiten schweren Stein auf.	mit den Füßen auf der Stelle eine steigende Bewegung **ausführen**, in die Hocke **gehen**, mit den Händen einen imaginären schweren Stein **aufheben**, dann mit dem „Stein" in den Händen langsam wieder **aufrichten**
Auch diesen Stein trägst du wieder über die lange Treppe den Turm hoch. Als du endlich oben angekommen bist, legst du deinen schweren Stein ab.	den imaginären Stein in den Händen **halten** und dabei mit den Füßen auf der Stelle eine steigende Bewegung **ausführen**, Oberkörper nach unten **beugen** und den „Stein" **ablegen**

Da bemerkst du, dass der Turm schon sehr hoch geworden ist! Er ragt bis in den Himmel hinein. Du kannst bereits an die Wolken fassen.	den Arm **ausstrecken** und mit der Hand nach einer imaginären Wolke **fassen**
Doch was ist das? Unten am Turm steht ein Kind und ruft dich.	Oberkörper vor**beugen** und suchend auf den Boden **schauen**
Du kannst nicht verstehen, was es sagt.	Hand an das Ohr **halten**
Du siehst dich um.	suchend **umherschauen**
Neben dir steht ein anderes Kind. Du sprichst es an.	das Nachbarkind **ansprechen**
Aber auch ihr beide versteht euch nicht.	mit den Achseln **zucken** und mit den Händen **gestikulieren**
Nein, hier gefällt es dir nicht mehr gut.	mit dem Kopf **schütteln**
Auf der anderen Seite steht auch ein Kind. Du sprichst auch dieses Kind an.	das Nachbarkind **ansprechen**
Ihr könnt euch verstehen! Was für ein Glück!	freudig die Hände in die Luft **werfen**
Ihr beschließt Freunde zu werden.	an den Händen **fassen**

Diese Geschichte erzählt vom Hochmut der Menschen. Die Bewohner in Babel planten, einen Tempelturm zu bauen, der bis in den Himmel ragen sollte. Damit wollten sie ein Zeichen für die Pracht und Stärke von Babel setzen. Gott aber gebot den Menschen Einhalt. Er verwirrte ihre Sprache und machte so die Verständigung untereinander unmöglich. Der Turmbau wurde schließlich abgebrochen. Die Menschen suchten andere, die ihre Sprache verstanden. Gruppen bildeten sich und neue Völker entstanden.

Jona und der Wal

Bewegungsgeschichte zur biblischen Erzählung (Buch Jona)

Text	Bewegung
Vor langer Zeit in einem fernen Land,	Hand an die Stirn **halten** und in die Ferne **schauen**
da lebte ein Mann, Jona genannt.	mit beiden Händen den Umriss eines Menschen in die Luft **malen**
Er sollte gehen in die weite Welt,	auf der Stelle **gehen**
dazu hatte Gott ihn bestellt.	mit der Hand eine imaginäre Person zu sich **winken**
Nach Ninive, das war das Ziel,	mit dem Finger auf ein imaginäres Ziel in der Ferne **deuten**
doch Jona, dem war das zu viel!	beide Hände flach vor den Körper **halten** und dazu eine abwehrende Bewegung **ausführen**
Er wollte erzählen von Gott überall,	beide Hände trichterförmig vor den Mund **halten**
doch nicht in Ninive, auf gar keinen Fall!	mit dem Zeigefinger verneinend **winken**
In Ninive da wartet Gefahr,	beide Hände vor den Mund **schlagen**
das war ihm ganz klar.	beide Hände in einer wissenden Bewegung nach oben **werfen**
Jona rannte davon, ging auf ein Schiff	auf der Stelle **laufen**
und hoffte, Gott fände ihn nicht.	Hand an die Stirn **halten** und in die Ferne **schauen**
Doch Gott ist überall und als er Jona sah,	mit dem Zeigefinger auf eine imaginäre Person **deuten**

was dann wohl geschah?	die Schultern nach oben **heben** und gleichzeitig beide Hände in einer fragenden Bewegung nach oben **werfen**
Er schickte dem Meer einen Sturm,	die Arme nach oben **strecken** und den Oberkörper hin und her **wiegen**
mit Wellen hoch wie ein Turm.	auf die Zehenspitzen **stellen** und die Arme nach oben **strecken**
Die Seeleute fürchteten sich sehr.	mit den Händen die Schultern **umfassen** und dazu hin und her **wiegen**
Und da warfen sie Jona ins Meer.	beide Hände in einer weg**werfen**den Geste **bewegen**
Im Meer schwamm ein großer Wal,	mit den Händen einen großen Kreis in die Luft **malen**
der verschluckte Jona mit einem Mal.	Unterarme aufeinander **legen** und wie ein Fischmaul auf- und zuklappen
Jetzt war Jona im dunklen Bauch	Hände vor die Augen **schlagen**
und im Wal, da fürchtete er sich auch!	mit den Händen die Schultern **umfassen** und dazu hin und her **wiegen**
Jona dachte viel nach an dem finsteren Ort,	Finger in einer denkenden Geste an die Stirn **legen**
es tat ihm leid und er wollte von hier fort.	Hände in einer flehenden Geste nach oben **werfen**
Ob nun Ninive oder weite Welt,	eine Hand in einer wegwerfenden Geste **bewegen**
egal, denn Gott hatte ihn dazu bestellt!	beide Hände in einer zu sich winkenden Geste **bewegen**
Dann nach drei Tagen, mit einem Mal,	drei Finger **zeigen**
spuckte an Land ihn der große Wal!	Unterarme aufeinander **legen** und wie ein Fischmaul **auf- und zuklappen**
Jona, der dankte Gott und lief nicht mehr fort,	Hände in einer dankenden Geste zusammen**legen**
weder vor Ninive noch vor einem anderen Ort!	Kopf **schütteln** und Zeigefinger in einer verneinenden Geste **bewegen**

„Jona und der Wal" gehört zu den bekanntesten Erzählungen der Bibel. Vor allem Kindern erscheint es spannend und abenteuerlich, dass Jona fortläuft, weil er nicht nach Ninive reisen möchte, wie Gott es ihm befohlen hat. Die Botschaft der Geschichte, sich Dingen zu stellen, dass weglaufen keine Lösung ist und Vertrauen in Gott zu haben, wird dabei fast nebenher transportiert.

Vom Samenkorn zum großen Baum

Geschichte zum Gleichnis vom Senfkorn (Matthäus 13,31-32)

Im Gleichnis vom Senfkorn vergleicht Jesus das Himmelreich mit einem Senfkorn, welches ein Mann auf seinem Acker sät. Aus dem kleinen, unscheinbaren Samenkorn wächst ein großer Baum – ein Zeichen für Wachstum und Leben. Kinder haben einen guten und direkten Bezug zum Wachsen: Sie entwickeln sich ständig weiter, lernen und werden auch körperlich spürbar größer.

Stell dir vor, du bist ein kleines Samenkorn. Noch schläfst du ganz tief unten in der Erde.
Du wirst ganz langsam wach.
Nun regnet es ein wenig.
Du beginnst zu wachsen, dem Licht entgegen.
Draußen ist es hell und warm geworden. Die Sonne scheint.
Du wächst ihr entgegen.
Du spürst, wie dir ganz langsam viele kleine Blätter wachsen.
Allmählich wirst du größer.
Du wächst immer weiter und bist nun schon ein kleiner Baum geworden.
Deine Wurzeln sind jetzt stark und fest mit dem Boden unter dir verwachsen.
Du freust dich darüber, wenn ein leichter Wind durch deine Äste streicht und schaukelst dabei hin und her.
Im Herbst sind deine Äste schwer von den Früchten, die sie tragen.

Manchmal fällt eine der Früchte auf den Boden und du träumst davon, dass dort bald wieder ein kleiner Baum wachsen wird.

klein auf dem Boden **zusammenkauern**

langsam den Kopf **anheben**

auf Hände und Knie **hocken**
auf die Knie hocken und den Oberkörper **aufrichten**

langsam die Arme zu beiden Seiten hin **ausstrecken**
langsam **aufstehen** und dabei weiterhin die Arme zu beiden Seiten hin **ausstrecken**
auf die Zehenspitzen **stellen** und weiterhin die Arme zu beiden Seiten hin **ausstrecken**
auf die Füße **stellen**; Arme weiterhin zu beiden Seiten hin **ausstrecken**

weiterhin auf den Füßen **stehenbleiben**; Oberkörper und ausgestreckte Arme hin und her **bewegen**
weiterhin auf den Füßen **stehenbleiben**; Oberkörper und ausgestreckte Arme zum Boden hin **senken**

erneut klein auf dem Boden **zusammenkauern**

Variante
Indem der Begriff „Baum“ durch „Rebstock“ ersetzt wird, kann das Bewegungsspiel auch zu diesem Symbol eingesetzt werden.

Jesus sagte zu seinen Jüngern: „Ich bin der Weinstock, ihr seid die Reben." (Johannesevangelium 15,1-5) Daher steht der fruchtbare Weinstock als Zeichen der Verbundenheit zwischen Christus und den Gläubigen und ist gleichzeitig ein Symbol des wachsenden Glaubens.

Vom Korn zum Brot

Bewegungsgeschichte zum Symbol „Brot"

Auf dem Feld schaukelt eine leuchtend gelbe Ähre im Wind.
: mit dem Oberkörper hin und her **wiegen**; Variante: eine Hand nach oben **strecken** und hin und her **bewegen**

In der Ähre sind viele winzig kleine Weizenkörner herangewachsen.
: mit Daumen und Zeigefinger „klein" **andeuten**

Noch schlafen die Körner im Inneren der Ähre.
: auf den Boden hocken; Variante: beide Hände locker zu einer Kugel **zusammenlegen**

Schon bald aber erntet der Bauer mit dem Mähdrescher das Feld ab.
: aufstehen und mit den Händen ein imaginäres Lenkrad in der Luft **drehen**; Variante: im Sitzen mit den Händen ein imaginäres Lenkrad in der Luft **drehen**

Der Müller mahlt die Körner in der Mühle zu Mehl.
: Handflächen aneinander **reiben**

Der Bäcker knetet das Mehl unter seinen Brotteig.
: mit den Händen kräftig in der Luft **kneten**

Danach formt er einen Brotlaib aus dem Teig.
: mit den Händen einen kleinen Kreis in die Luft **malen**

Der Bäcker schiebt den Brotlaib zum Backen in den Ofen.
: mit geöffneten Händen einen imaginären Brotlaib in den „Ofen" **schieben**

Im Ofen wird aus dem Teig ein großes knuspriges Brot.
: mit den Händen einen großen Brotlaib in die Luft **zeichnen**

Hhmm, das Brot wird uns gut schmecken!
: mit der Hand über den Bauch **reiben**

Variante
Für den Einsatz als Fingerspiel werden die Bewegungen entsprechend der angegebenen Varianten verändert.

Brot gilt als Zeichen des Lebens. Ob als ungesäuertes Brot beim Auszug aus Ägypten oder während des Abendmahls - Brot hat einen wichtigen symbolischen Wert im Christentum und darüber hinaus.

Ein Lamm auf der Wiese

Bewegungsgeschichte zum Symbol „Lamm"

Stell dir vor, du bist ein kleines Lamm auf einer Wiese. Es ist früh am Morgen und du schläfst noch gemütlich an deine Mutter gekuschelt.	bequem auf dem Boden **liegen**
Da hörst du Hundegebell. Euer Hirte ist mit seinem Hund gekommen, um euch zu wecken.	ein wenig **aufrichten**
Du reckst ein wenig deine vier Beine und wirst allmählich wach.	Arme und Beine **strecken**
Jetzt kann der neue Tag beginnen. Du bist schon neugierig darauf, was heute alles passieren wird! Schnell springst du auf die Beine!	neugierig umher **schauen**
	aufspringen
Sofort beginnst du damit, fröhlich über die Wiese zu springen.	auf der Stelle **hüpfen**
Immer wieder siehst du bunte Blumen, die in der Wiese wachsen. Dann beugst du dich herunter und riechst daran.	nach unten **beugen** und an einer imaginären Blume **schnuppern**
Manchmal ruft der Hirte dich, damit du die Herde nicht verlierst.	Hand an das Ohr **legen**
Du magst den Hirten und läufst dann rasch zu ihm.	auf der Stelle **laufen**
Viel zu schnell ist der Tag zu Ende gegangen und es ist Zeit schlafen zu gehen. Du legst dich wieder neben deine Mutter in das weiche Gras und schläfst müde ein.	erneut auf den Boden **legen**
Du denkst an all die Dinge, die du heute erlebt hast, besonders aber an den Hirten, der immer so gut auf dich und seine ganze Herde aufpasst.	noch einen Moment lang liegen **bleiben**

Hinweis
Mehr zum Symbol „Lamm" finden Sie auf den Seiten 19 und 59.

Vier Kerzen hat mein Adventskranz

Bewegungsgeschichte zum Adventskranz

Auf meinem Tisch steht ein duftender, grüner Adventskranz.

hinstellen und mit ausgebreiteten Armen einen großen u-förmigen Tisch in die Luft **malen**

Er ist ganz groß und rund.

mit den Händen einen großen liegenden Kreis in die Luft **malen**

Auf dem Adventskranz gibt es vier große, rote Kerzen.

auf die Zehenspitzen **stellen**, die Arme über den Kopf **heben** und die Hände an den Fingerspitzen zu einer spitzen Flamme **zusammenlegen**

Am ersten Advent zünde ich eine Kerze auf meinem großen, runden Adventskranz an.

die Arme über den Kopf **heben** und die Hände an den Fingerspitzen zu einer spitzen Flamme **zusammenlegen**; mit den Händen einen großen liegenden Kreis in die Luft **malen**

Am zweiten Advent zünde ich zwei Kerzen auf meinem großen, runden Adventskranz an.

die Arme über den Kopf **heben** und die Hände an den Fingerspitzen zu einer spitzen Flamme **zusammenlegen** – zweimal wiederholen; mit den Händen einen großen liegenden Kreis in die Luft **malen**

Am dritten Advent zünde ich drei Kerzen auf meinem großen, runden Adventskranz an.

die Arme über den Kopf **heben** und die Hände an den Fingerspitzen zu einer spitzen Flamme **zusammenlegen** – dreimal wiederholen; mit den Händen einen großen liegenden Kreis in die Luft **malen**

Am vierten Advent zünde ich vier Kerzen auf meinem großen, runden Adventskranz auf dem Tisch an.

die Arme über den Kopf **heben** und die Hände an den Fingerspitzen zu einer spitzen Flamme **zusammenlegen** – viermal wiederholen; mit den Händen einen großen liegenden Kreis in die Luft **malen**; **hinstellen** und mit ausgebreiteten Armen einen großen u-förmigen Tisch in die Luft **malen**

Wenn alle vier Kerzen auf meinem großen, runden Adventskranz brennen, setze ich mich gemütlich dazu!

die Arme über den Kopf **heben** und die Hände an den Fingerspitzen zu einer spitzen Flamme **zusammenlegen** – viermal wiederholen; mit den Händen einen großen liegenden Kreis in die Luft **malen**; hinsetzen

Der Theologe und Erzieher Hinrich Wichern betreute 1839 verarmte Kinder im sogenannten „Rauhen Haus". Er verkürzte ihnen mit der Erfindung des ersten Adventskranzes das Warten auf Weihnachten: Er baute aus einem Wagenrad einen Holzkranz und befestigte darauf 20 kleine rote und vier große weiße Kerzen, für die Wochen- und die Sonntage im Advent. Im Laufe der Zeit entstand daraus der Kranz aus Tannengrün mit vier Kerzen.

Fingerspiele

Ein großer Turm

Ein Fingerspiel zum Turmbau von Babel

Vor langer Zeit in Babel,
einer großen Stadt,
da lebten viele Menschen,
sie waren rund und satt.
Sie bauten einen Turm,
kein Ende war in Sicht.
Sie bauten immer höher,
verstanden sich so nicht.
Da wurden sie ganz traurig,
niemand verstand ein Wort.
Sie suchten neue Freunde
und zogen gemeinsam fort!

mit den Händen einen großen Kreis in die Luft **malen**
beide Hände mehrfach öffnen und **schließen**

mit den Händen einen dicken Bauch **andeuten**
die Hände flach mehrfach aufeinander „**bauen**"
die Hände flach mehrfach aufeinander „**bauen**" und dabei immer höher **heben**
eine Hand an das Ohr **legen**
mit den Händen imaginäre Tränen **wegwischen**
eine Hand an das Ohr **legen**
Hand an die Stirn halten und suchend umher **schauen**
mit der Hand in die Runde **deuten**

Hinweis
Mehr zum „Turmbau zu Babel" steht auf Seite 34.

Äpfel, Birnen, Nüsse

Ein Fingerspiel zum Erntedankfest

Äpfel, Birnen, Nüsse,
Getreide, Mehl und Brot.

Die liegen auf unserem Teller,

wir leiden keine Not.
Lieber Gott, wir danken dir,
für deine guten Gaben hier.

Daumen, Zeigefinger und Mittelfinger **zeigen**
Getreide: fünf Finger einer Hand **zeigen**;
Mehl: Handflächen aneinander **reiben**;
Brot: mit den Händen einen kleinen Laib Brot in die Luft **malen**
mit einer Hand eine offene Schale **bilden** und mit dem Zeigefinger der anderen Hand hinein **deuten**
mit dem Zeigefinger eine verneinende Geste **machen**
Hände **falten**
die Hände zu einer Schale **formen**

Variante
Dieses Fingerspiel eignet sich auch als Gebet.

Wir alle zusammen

Ein Fingerspiel zum Thema „Gemeinschaft"

Zusammen sein und Geborgenheit spüren macht froh. Kinder brauchen das Gefühl der Gemeinschaft in der Familie und im Freundeskreis für ein glückliches und gesundes Aufwachsen.

Wir alle zusammen,
fünf Finger an der Hand.
Wir alle zusammen,
Gemeinschaft genannt! — alle Finger einer Hand **zeigen**
Ist einer alleine,
das ist gar nicht schön. — Daumen **zeigen**
Darum sucht er einen Zweiten,
zum zusammen Gehen. — Daumen und Zeigefinger zusammen **zeigen**
Jetzt kommt noch ein Dritter,
das macht sehr viel Spaß! — Daumen, Zeigefinger und Mittelfinger zusammen **zeigen**
Und sind sie erst zu viert,
dann geben sie richtig Gas. — Daumen, Zeigefinger, Mittelfinger und Ringfinger zusammen **zeigen**
Kommt dann noch ein Fünfter,
ja, das ist wirklich schön.
Jetzt können sie zu fünft — alle Finger einer Hand **zeigen**
als Gemeinschaft gehen!

Kennst du das Haus?

Ein Fingerspiel zum Raum „Kirche"

Kennst du das Haus? — beide Hände fragend zur Seite hin **öffnen**
Es hat ein spitzes Dach. — mit beiden Händen ein Dach **bilden**
Kennst du das Haus? — beide Hände fragend zur Seite hin **öffnen**
Die Glocken machen Krach. — Faust **ballen** und eine imaginäre Glocke **läuten**
Kennst du das Haus? — beide Hände fragend zur Seite hin **öffnen**
Am Sonntag gehen wir hin. — zwei Finger durch die Luft **wandern** lassen
Kennst du das Haus? — beide Hände fragend zur Seite hin **öffnen**
Sind viele Menschen drin. — in die Runde **deuten**
Kennst du das Haus? — beide Hände fragend zur Seite hin **öffnen**
Da singen wir ein Lied. — mit dem Finger in der Luft **dirigieren**
Kennst du das Haus? — beide Hände fragend zur Seite hin **öffnen**
Komm rein und mache mit! — mit einer Hand einladend **winken**

Ein kleiner Fisch im Schwarm

Ein Fingerspiel zum Symbol „Fisch"

In einem großen Meer,	mit ausgebreiteten Armen einen großen Kreis in die Luft **malen**
da schwamm ein kleiner Fisch.	mit der Hand eine Schwimmbewegung **machen**
Er fühlte sich ganz traurig,	mit dem Finger eine imaginäre Träne aus dem Augenwinkel **wischen**
denn Freunde gab es nicht.	beide Hände nach oben hin ratlos **öffnen**
Da sah er andere Fische,	Hand an die Stirn legen und **schauen**
auch sie waren allein.	beide Hände nach oben hin ratlos **öffnen**
Da dachte sich der Fisch,	mit dem Zeigefinger an die Stirn **tippen**
das muss so gar nicht sein.	mit dem Zeigefinger hin und her **deuten**

Er schwamm zu den Fischen
und sprach sie alle an.
Die anderen Fische freuten sich
und schon waren sie ein Schwarm.
In einem großen Meer,

schwamm nun ein froher Fisch.

Er fühlte sich sehr wohl,
mit Freunden rund um sich.

mit der Hand eine Schwimmbewegung **machen**
mit den Händen einen Trichter vor dem Mund **bilden**
beide Hände freudig in die Luft **werfen**
alle Kinder **fassen** sich an den Händen
mit ausgebreiteten Armen einen großen Kreis in die Luft **malen**.
mit der Hand eine Schwimmbewegung **machen**,
dann beide Hände freudig in die Luft **werfen**
den eigenen Körper mit den Händen **umfassen**
Alle Kinder **fassen** sich an den Händen.

Variante

Dieses Fingerspiel lässt sich auch als Kreisspiel umsetzen. Ein Kind geht in die Kreismitte und spielt den kleinen Fisch. Die anderen Kinder sprechen währenddessen gemeinsam den Text bis zur Stelle: „Er schwamm zu den Fischen und sprach sie alle an." Das Kind in der Mitte wählt ein weiteres Kind aus, welches ebenfalls in die Kreismitte geht. Die übrigen Kinder sprechen danach erneut den Text. Die beiden Kinder in der Mitte wählen wieder jeweils ein Kind aus. Das Spiel wird so lange fortgesetzt, bis alle Kinder in die Kreismitte geholt wurden.

Der Fisch ist das Erkennungssymbol für Christen auf der ganzen Welt. Vermutlich wurde er bereits in der Frühzeit der Christenheit, während der Verfolgung durch die Römer, eingesetzt.

Das griechische Wort „ichthys" steht für Fisch. Daher stammt die folgende Bedeutung:

I = JESUS
CH = CHRISTUS
T = THEOS (Gott)
Y = UIOS (Sohn)
S = SOTER (Retter)

„IESOUS CHRISTOS THEOU YIOS SOTER" = Jesus Christus, Gottes Sohn, Erlöser. Grundlage für das Zeichen ist das Wort Jesu an Petrus und Andreas:

„Kommt her, folgt mir nach! Ich werde euch zu Menschenfischern machen." (Matthäus 4,19)

Die Tiere auf der Arche

Ein Fingerspiel zur Arche Noah

Sind auf engem Raum viele Menschen oder Tiere zusammen, ist sicher viel los! So war das wohl auch auf der Arche Noah. Zum Einstieg in das Fingerspiel richtet die Spielleitung z. B. die folgenden Impulsfragen an die Kinder: Was ist auf der Arche Noah passiert? Gab es Streit? Haben Noah, seine Familie und die Tiere sich gefürchtet, als sie im geschlossenen Schiff lange Zeit unterwegs waren? Was haben sie wohl gedacht? Was glauben die Kinder?

Bei Noah auf der Arche, war mächtig was los!	mit den Händen ein Boot **andeuten** beide Hände mehrfach **öffnen** und **schließen**
Da gab es viele Tiere, von ganz klein bis groß.	mit gespreiztem Daumen und Zeigefinger „klein“ und „groß“ **andeuten**
Die dicken Elefanten, die brauchten sehr viel Platz.	Daumen der ersten Hand **zeigen**
Da machten die Giraffen gleich einen Riesensatz.	Zeigefinger dazu **nehmen**
Und der freche Floh, ganz klein, aber oho!	Mittelfinger dazu **nehmen**
Der hüpfte in die Koje, biss Noah in den Po.	Ringfinger dazu **nehmen**
Der sprang aus dem Bett und weckte den braunen Bären.	kleinen Finger dazu **nehmen**
Der fand das gar nicht nett, fing an, die Bienen zu stören.	die zweite Hand dazu **nehmen** und mit dem Daumen **beginnen**
Das führte zu viel Gemecker von einer großen Ziege.	Zeigefinger dazu **nehmen**
Sie schrie mit viel Gezeter ins Ohr der kleinen Fliege.	Mittelfinger dazu **nehmen**
Da begannen die Hirsche zu röhren, gleich hinter der großen Truhe:	Ringfinger dazu **nehmen**
„Die Murmeltiere nicht stören!“	kleinen Finger dazu **nehmen**
Und dann war endlich Ruhe!	beide Hände zu Fäusten **schließen**

Die Friedenstaube

Ein Fingerspiel zum Symbol „Friedenstaube" (Genesis 8,10-11)

Eine weiße Taube, die flog zum Land.	die Hände **ausbreiten**, Daumen ineinander **haken** und mit den übrigen Fingern ein Flattern **imitieren**
Dorthin wurde sie von Noah gesandt.	mit ausgestrecktem Zeigefinger auf ein imaginäres Land **zeigen**
Sie flog einmal hin, sie flog einmal her.	die Hände **ausbreiten**, Daumen ineinander **haken** und mit den übrigen Fingern ein Flattern zu beiden Seiten hin **imitieren**
Das Land zu finden, fand sie nicht schwer.	mit dem Zeigefinger eine verneinende Geste **machen**
Dort sah sie den Baum und pflückte den Zweig.	mit Daumen und Zeigefinger ein Pflücken **imitieren**
Den Weg zurück fand sie nicht weit!	mit dem Zeigefinger eine verneinende Geste **machen**

Die Taube gilt weltweit als das Friedenssymbol schlechthin.

Zum Ende der Sintflut ließ Noah eine Taube fliegen, um zu sehen, ob es wieder Land gäbe. Die Taube kehrte mit einem Olivenzweig im Schnabel zur Arche zurück.

Neben dem Regenbogen ist die Taube ein weiteres bildhaftes Zeichen für Gottes Frieden mit den Menschen.

Vom Nikolaus

Ein Fingerspiel zum Nikolaus

Kennt ihr den Bischof Nikolaus? Das ist ein guter Mann.	mit dem Zeigefinger in die Runde **zeigen** bestätigend mit dem Kopf **nicken**
An Mitra, Mantel, Hirtenstab, da wird er gleich erkannt.	Mitra mit den Händen über dem Kopf **bilden**, imaginären Mantel um die Schultern **legen**, Faust **bilden** und mit imaginärem Hirtenstab auf den Boden **stampfen**
Er gibt das Gold und teilt das Korn mit Kind und Frau und Mann.	mit einer Hand eine Schale **bilden**, die zweite Hand verteilt die imaginären Gaben aus der Schale in die Runde
Hilft allen Menschen groß und klein,	bei „groß" beide Arme nach oben **strecken**, bei „klein" nach unten **beugen** und mit den Händen den Boden **berühren**
so gut wie er es kann!	die Hände seitlich zum Körper **öffnen**

Hinweis
Das Fingerspiel passt gut zur Geschichte „Sarah, Peter und der Nikolaus" von Seite 20.

Ein leuchtender Stern

Ein Fingerspiel zum Stern von Bethlehem

Hoch oben am Himmel, da steht ein leuchtender Stern.	mit dem Finger nach oben **deuten** mit ausgebreiteten Armen einen großen Kreis in die Luft **malen**
Fünf Zacken und ein Schweif,	die fünf Finger einer Hand **zeigen**; anschließend mit der Hand einen Bogen in die Luft **malen**
wir sehen ihn so gern.	eine Hand an die Stirn **legen** und umher **schauen**
Hoch oben am Himmel, da steht ein leuchtender Stern.	mit dem Finger nach oben **deuten** mit ausgebreiteten Armen einen großen Kreis in die Luft **malen**
Er zeigt uns den Weg, der Stall ist noch fern.	mit dem Finger eine zeigende Bewegung **machen** mit den Händen ein Dach **bilden**
Hoch oben am Himmel, da steht ein leuchtender Stern.	mit dem Finger nach oben **deuten** mit ausgebreiteten Armen einen großen Kreis in die Luft **malen**
Er führt uns zur Krippe, zum Kind, das haben wir gern!	mit einer Hand eine Schale (Krippe) **bilden** mit der anderen Hand ein imaginäres Kind in der Krippe **streicheln**

Der Stern von Bethlehem führte die drei Weisen aus dem Morgenland zu dem Stall, in dem Jesus in der Krippe lag: „Wo ist der neugeborene König der Juden? Wir haben seinen Stern gesehen im Morgenland und sind gekommen, ihn anzubeten." (Matthäus 2,1-2)

Im Stall von Bethlehem

Ein Fingerspiel zur Weihnachtsgeschichte

In dunkler Nacht in Bethlehem,	die Hände vor die Augen halten
da stand ein alter Stall.	mit den Händen ein Dach bilden
Zu diesem Stall in Bethlehem,	mit den Händen ein Dach bilden
kamen Menschen in großer Zahl.	beide Hände mehrfach öffnen und schließen
In diesem Stall in Bethlehem,	mit den Händen ein Dach bilden
da lag ein kleines Kind.	mit Zeigefinger und Daumen „klein" zeigen
Zum kleinen Kind in Bethlehem,	mit Zeigefinger und Daumen „klein" zeigen
da eilten sie geschwind.	mit den Armen eine rennende Bewegung machen
Die Hirten von dem Felde,	Faust bilden und mit imaginärem Hirtenstab auf den Boden stampfen
so schnell wie der Wind.	mit den Armen eine rennende Bewegung machen; mit den Händen einen Trichter vor dem Mund bilden und hinein pusten
Selbst drei Könige, die kamen	drei Finger zeigen; auf dem Kopf mit den Händen eine Krone bilden
zu dem kleinen Kind.	mit Zeigefinger und Daumen „klein" zeigen
In dunkler Nacht in Bethlehem,	die Hände vor die Augen halten
da stand ein alter Stall.	mit den Händen ein Dach bilden
Zu diesem Stall in Bethlehem,	mit den Händen ein Dach bilden
kamen Menschen in großer Zahl.	beide Hände mehrfach öffnen und schließen

Hinweis
Dieses Fingerspiel passt gut zur Geschichte „Der kleine Hirte Samuel" von Seite 12.

Die drei Könige

Ein Fingerspiel zu den Heiligen drei Königen

Sie kamen aus einem fernen Land,
Caspar, Melchior und Balthasar genannt.
nacheinander Daumen, Zeigefinger und Mittelfinger **zeigen**

Ihr Ziel war noch sehr fern,
die hand suchend vor die Stirn **halten**
die Könige folgten dem Stern.
mit den Händen einen großen Kreis in die Luft **malen**

Sie reisten eine lange Zeit,
der Weg war furchtbar weit.
mit der Hand eine wegwerfende Geste **machen**

Doch in einer stillen Nacht,
da hatten sie es vollbracht!
die Arme in die Luft **werfen**

Die leuchtende Kerze

Ein Fingerspiel zum Symbol „Kerze"

Material: *eventuell eine **große Kerze** (Osterkerze) oder eine **Taufkerze** für die Kreismitte*

Siehst du die leuchtende Kerze? Sie leuchtet hell und warm.	mit den Händen einen Kreis in die Luft malen ... ... der Kreis wird immer größer.
Bringt Licht in unsere Herzen,	ein Herz in die Luft malen oder alternativ eine Hand auf das eigene Herz legen
egal, ob reich, ob arm.	mit dem Zeigefinger verneinend in die Luft deuten
Siehst du die leuchtende Kerze? Sie bringt Licht in unsere Welt.	mit den Händen einen Kreis in die Luft malen ... ... der Kreis wird immer größer
Bringt Freude in die Herzen,	ein Herz in die Luft malen oder alternativ eine Hand auf das eigene Herz legen
was allen gut gefällt.	mit dem Zeigefinger in die Runde deuten oder alternativ fassen sich alle an den Händen

Hinweis
Das Fingerspiel eignet sich vielfältig zur Erarbeitung des Symbols „Kerze". Besonders in der Osterzeit, im Advent oder wenn eine Tauffeier bevorsteht.

„Ich bin das Licht der Welt!"
(Johannesevangelium, Kapitel 8,9)
Kerzen sind untrennbar mit der Gestaltung des Glaubens verbunden. Sie symbolisieren Licht und Wärme. Kerzen stehen für den Glauben, die Liebe und die Hoffnung. Bei Täuflingen wird die Taufkerze als Symbol für das neue Leben entzündet.

Kreisspiele

Tierpaare suchen

Ein temporeiches Spiel zur Arche Noah

Auf der Arche Noah gab es viele verschiedene Tiere. Immer von jeder Art ein Paar. Doch was passiert, wenn sie einander verlieren? Können sie sich anhand ihrer Bewegungen und der Geräusche, die sie machen, wiederfinden? Ein lustiges Spiel für Kinder ab 4 Jahren!

Spielablauf

Die Kinder sitzen in einem großzügigen Kreis. Die Spielleitung geht nacheinander zu allen Kindern und flüstert dabei jeweils zwei Kindern die gleiche Tierart ins Ohr, aber so, dass die Kinder nicht hören, welches Kind zu ihnen passt. Damit sich die Paare später auch sicher finden, achtet die Spielleitung darauf, die Paare passend zusammenzustellen: etwa ein älteres und ein jüngeres Kind und einfache Tierarten für die jüngeren Kinder, die diese auch kennen und darstellen können.

Die Kinder gehen in die Kreismitte und stellen „ihr" Tier anhand von Bewegungen und Geräuschen dar. Ein buntes Durcheinander entsteht, in dem die Kinder das zu ihnen passende „Tier" finden.

Variante für Kinder ab 3 Jahren

Die Kinder sitzen im Kreis. Die Spielleitung flüstert einem Kind eine Tierart ins Ohr. Dieses geht in die Kreismitte und stellt das Tier mit Bewegungen und Geräuschen dar. Hat ein Kind aus dem Kreis das Tier erraten, setzt sich das Kind aus der Kreismitte wieder auf seinen Platz zurück. Die Spielleitung flüstert dem Kind, welches richtig geraten hat, eine neue Tierart ins Ohr und das Spiel beginnt von vorne.

Der Stall von Bethlehem

Ein Kim-Spiel für gute Beobachter!

Viele Dinge gab es rund um den Stall von Bethlehem. Ein Kind lag, in Windeln gewickelt, auf Stroh in einer Krippe. Ochs' und Esel standen daneben. Ein Engel verkündete den Hirten auf dem Feld die frohe Botschaft. Der Stern führte die drei Weisen zur Krippe. Von drei Geschenken ist die Rede, welche sie dem neugeborenen Jesus als Geschenk mitgebracht haben sollen: Myrrhe, eine Heilpflanze für den zukünftigen Heiler – „Heiland"; Gold für den zukünftigen König und Weihrauch für den zukünftigen Priester. Lauter symbolträchtige Dinge, auf die sich ein genaueres Hinschauen lohnt!

Material: *1 Tablett; 1 Mulltuch (Windel); einige Strohhalme; je 1 Spielfigur „Esel", „Ochse" und „Schaf"; 1 Figur/ 1 Bild „Engel"; 1 Stock als „Hirtenstab"; 1 Stern als Symbol für den Stern von Bethlehem; 1 Stück Goldfolie als Symbol für die Geschenke der drei Weisen; 1 unifarbenes Tuch*

Spielablauf

Die Kinder sitzen im Kreis. Die Spielleitung stellt das Tablett mit den Gegenständen in die Kreismitte und spricht mit den Kindern über deren Bedeutung. Die Dinge werden durch Anschauen und Ertasten erforscht.

Das Tablett wird zur Seite gestellt und ein Kind ausgewählt. Je nach Alter dieses Kindes sucht die Spielleitung gemeinsam mit den anderen Kindern 3 – 5 der Gegenstände vom Tablett aus und legt diese auf ein Tuch in der Kreismitte.

Das ausgewählte Kind betrachtet die Dinge genau und geht danach vor die Tür.

Von den Gegenständen wird nun ein Teil weggenommen. Das Kind kommt in den Kreis zurück und überlegt, welcher Gegenstand fehlt.

Der Höhepunkt des Weihnachtsfestes ist für Kinder die Bescherung. Der Brauch des Schenkens lässt sich zurückführen auf die Geschenke, welche die drei Weisen dem neugeborenen Kind in der Krippe brachten.

Der blinde Bartimäus

Geschichte aus dem Neuen Testament (Markus 10,46-52; Lukas 18,35-43)

Als Jesus zum letzten Mal nach Jerusalem ging, saß am Wegrand der blinde Bettler Bartimäus. Er glaubte fest daran, dass Jesus ihn heilen könnte. Er rief Jesus und dieser half ihm. Ein Spiel für Kinder ab 4 Jahren.

Material: *pro Kind 1 Augenbinde*

Vorbereitung

Die Spielleitung überlegt mit den Kindern, wie es sich wohl anfühlt, blind zu sein. Haben die Kinder schon einmal Situationen in der Dunkelheit erlebt, etwa, wenn sie nachts aufgewacht sind, in einem Tunnel oder bei einem abendlichen Spaziergang im Winter? Vielleicht kennen sie auch jemanden, der erblindet ist oder schlecht sieht.

Spielablauf

Die Kinder bilden Paare. Ein Kind bekommt die Augen verbunden und wird von dem anderen Kind vorsichtig durch den Raum geführt. Dabei ist Achtsamkeit wichtig. Nach einer Weile werden die Rollen getauscht. Was haben die Kinder empfunden, als sie nichts mehr sehen konnten? Wie hat Bartimäus sich wohl gefühlt, nachdem Jesus ihn geheilt hat?

Variante für Kinder ab 3 Jahren

Jüngere Kinder können ein Verbinden der Augen als unheimlich empfinden. Deshalb halten sie sich alternativ eine Hand vor die Augen und werden von einem älteren Kind durch den Raum geführt.

Hirte und Schafe

Ein Kreisspiel zum Symbol „Hirte"

Das Symbol des guten Hirten hat eine lange Tradition. Bereits im Alten Testament waren etwa Abraham oder David Hirten. Im Johannesevangelium bezeichnet Jesus sich selbst als guten Hirten. Hier schlüpfen die Kinder in die Rolle des Hirten und in die der Schafe.

Spielablauf

Die Kinder sitzen im Kreis. Ein Kind wird zum Hirten ernannt. Es geht in die Kreismitte und sagt den folgenden Spruch:

„Ich bin ein Hirte und gehe hier herum.
Ich suche meine Schafe und bring' sie alle heim.
Drum' komm auch du mit in den Kreis hinein."

Sobald das Hirtenkind den Spruch gesagt hat, wählt es ein Kind aus. Dieses Kind kommt als Schaf mit in den Kreis und fasst den Hirten mit seinen Händen von hinten an die Schultern. Beide Kinder gehen nun erneut im Kreis herum. Der Hirte sagt wieder den Spruch und sucht ein weiteres Kind aus. Das Spiel wird so lange gespielt, bis alle Kinder Teil der Herde sind. Ist dies geschehen, sagt das Hirtenkind:

„Ich bin ein Hirte und gehe hier herum.
Jetzt hab' ich meine Schafe und bringe sie alle heim.
Zum Schlafen gehen wir gemeinsam in den Stall hinein."

Alle Kinder setzen sich wieder auf ihren Stuhl. Alternativ lassen sie sich zum „Schlafen" auf den Boden sinken.

Hinweis
Das Spiel passt gut zur Geschichte „Jule backt ein Osterlamm" auf Seite 19 und zum Bewegungsspiel „Ein Lamm auf der Wiese" auf Seite 41.

Ruths Osterkerze

Eine Löffelgeschichte rund um religiöse Symbole

In der folgenden Löffelgeschichte (Info dazu siehe Seite 61 unten) geht es um aufmerksames Zuhören und gemeinsamen Spaß.

Es war in der Osternacht. Ruth saß mit ihren Eltern in der noch dunklen Kirche.

Keine einzige Kerze brannte. Ringsherum war alles dunkel. Da begann der Gottesdienst. Der Pfarrer und die Messdiener zogen in die Kirche ein. Ruths Bruder Ben war auch mit dabei. Der Pfarrer trug die große Osterkerze. Er hatte die Kerze draußen vor der Kirche am Osterfeuer entzündet. Die Messdiener trugen in ihren Händen kleine Osterkerzen. Sie hatten ihre Kerzen an der großen Osterkerze angezündet. Der Schein der Kerzen machte die Kirche gleich ein wenig heller. Ruth mochte das warme Licht der Kerzen sehr gerne. Beim Kerzenlicht spürte sie immer ein warmes und gutes Gefühl in ihrem Bauch. Ruth und ihre Eltern hatten ebenfalls kleine Osterkerzen an ihrem Platz stehen. Noch waren sie nicht angezündet, aber da kamen die Messdiener auch schon mit ihren brennenden Kerzen näher. Sie gingen durch die Bankreihen der Kirche und zündeten die Kerzen der Gottesdienstbesucher an ihren Osterkerzen an. Ruth hielt ihre Kerze schon in der Hand. Da kam Ben mit seiner Kerze zu ihr und zündete daran Ruths Kerze an. Ruth stellte ihre brennende Kerze vorsichtig auf die Bank vor sich. Sie betrachtete die Kerze und freute sich an ihrem hellen Lichtschein. Die ganze Kirche war jetzt von Kerzenlicht erleuchtet.

Ruth war froh – endlich war Ostern und das Licht ihrer Kerze würde sie das ganze Jahr lang daran erinnern!

Hinweis
Die Geschichte kann ein Anstoß für eigene Löffelgeschichten rund um religiöse Symbole sein. Gegebenenfalls wird sie durch das Kerzenritual von Seite 80 ergänzt.

Löffelgeschichten werden im Kreis erzählt. In ihrer Ursprungsform taucht im Verlauf der Geschichte gezielt häufig das Wort „Löffel" auf. Passend dazu liegen Löffel in der Kreismitte bereit. Die Kinder verfolgen die Geschichte und nehmen, sobald sie das Wort „Löffel" hören, einen der Löffel aus der Kreismitte. Eine schnelle Angelegenheit, die viel Spaß macht! Bei dieser Form der Geschichte scheidet immer ein Kind aus, da in jeder Runde immer ein Löffel weniger in der Kreismitte liegt, als Kinder anwesend sind. Wichtig ist auch, dass die Spielleitung in dieser Variante immer so lange die Geschichte weiterspinnt, bis nur noch zwei Kinder und ein Löffel übrig sind.

In dieser Löffelgeschichte soll es um aufmerksames Zuhören und den gemeinsamen Spaß, ohne späteren Sieger, gehen. Statt nach einem Löffel zu greifen, springen die Kinder kurz von ihrem Stuhl auf oder klatschen in die Hände, wenn das Wort „Kerze" genannt wird.

Komm, ich lade dich ein!

Ein Kreisspiel zum Thema Gemeinschaft

Alleine sein ist nicht schön – gemeinsam geht alles besser! Wie gut es sich anfühlt, Teil einer Gemeinschaft zu sein, Freunde zu haben und sich aufgehoben zu fühlen, das wissen bereits Kindergartenkinder.

Spielablauf

Alle Kinder setzen sich in einen Kreis. Ein Kind wird ausgewählt. Es geht in der Kreismitte herum und sagt dazu den folgenden Spruch:

„Alleine sein, das finde ich dumm,
drum' gehe ich hier im Kreis herum.
Ich möchte nicht mehr alleine sein,
drum‘ lad ich in den Kreis dich ein!“

Das Kind sucht anschließend ein weiteres Kind aus. Gemeinsam gehen beide Kinder in der Kreismitte herum und sagen dazu erneut den Spruch. Sie suchen zwei weitere Kinder aus und das Spiel beginnt von vorne.

Es wird solange gespielt, bis alle Kinder in der Kreismitte sind.

Ei, du musst im Kreise gehen

Ein Kreisspiel zum Osterfest

Das Ei ist seit jeher ein Symbol für das Leben. Mit dem Ei wird zu Ostern daran gedacht, dass Jesus von den Toten auferstanden ist.

Material: *kleines Holz-Ei, Murmel, Stein oder Ähnliches*

Spielablauf

Die Kinder sitzen im Kreis. Ein Kind wird ausgesucht und geht in die Kreismitte. Die übrigen Kinder legen die Hände hinter ihren Rücken. Die Spielleitung reicht das „Ei", hinter ihrem Rücken an das neben ihr sitzende Kind weiter. Dieses gibt es ebenfalls an das nächste Kind und so weiter. Dazu sagen alle Kinder den Vers:

Ei, Ei, Ei, du musst im Kreise gehen,
Ei, Ei, Ei, du bleibst gar nicht stehen.
Ei, Ei, Ei, du musst im Kreise gehen,
Ei, Ei, Ei und jetzt bleibst du stehen!

Währenddessen beobachtet das Kind in der Kreismitte genau, wo das Ei sich wohl gerade befindet. Am Ende des gesprochenen Verses nennt das Kind in der Kreismitte das Kind, von dem es glaubt, dass es das „Ei" gerade hinter seinem Rücken versteckt hat.

Dieses Kind zeigt seine Hände. Hat es das Ei, so ist es als Nächster an der Reihe, geht in die Kreismitte und das Spiel beginnt von vorne. Ansonsten versucht das erste Kind in einer weiteren Runde noch einmal sein Glück.

Während der Fastenzeit durften früher keine Eier gegessen werden. Ihr Verzehr war erst am Ostersonntag wieder erlaubt.

Eier gehörten damals auch zu den Pachtabgaben der Bauern an ihre Lehnsherren. Die übrigen Eier wurden gefärbt und in der Kirche geweiht. Das Färben hatte zunächst auch einen praktischen Grund: durch ihre Farbe unterschieden sich die bunten und geweihten von den ungefärbten und ungeweihten Eiern.

Vorbild sein - Spiegelbild sein

Ein lustiges Pantomimespiel

Jesus ist eine zentrale Figur des christlichen Glaubens. In seinem Handeln ist er vor allem ein Vorbild für die Kinder. Doch was bedeutet es, ein Vorbild zu sein? In diesem Spiel können die Kinder es in ihrem Gegenüber gespiegelt sehen.

Spielablauf

Die Kinder bilden Paare. Ein Kind ist das Vorbild, das andere Kind ist der Spiegel. Das Vorbildkind führt Bewegungen aus, die das Spiegelkind nachmacht. Nach einer Weile tauschen die Kinder ihre Rollen.

Wie haben die Kinder die Situation erlebt? War es lustig, anstrengend oder fremd, die eigenen Bewegungen gespiegelt zu sehen oder Bewegungen des Gegenüber nachzuahmen?

Erntedankkünstler

Ein flottes Malspiel zum Erntedank

Äpfel, Birnen, Pflaumen, Kartoffeln, Getreide und viele Dinge mehr werden im Herbst geerntet und bereichern unser Essen. Am Erntedankfest denken wir daran, dass unsere Nahrungsvielfalt keine Selbstverständlichkeit ist. Wir danken Gott für eine gute Ernte und dafür, dass wir täglich genug zu essen haben.

Material: *Maltafel; Kreide; Schwamm*

Spielablauf

Die Kinder sitzen im Kreis. Die Spielleitung spricht mit den Kindern über die Bedeutung des Erntedankfestes. Warum wird dieses Fest gefeiert? Welche Dinge werden geerntet? Im nächsten Schritt sollen diese Dinge geraten werden.

Die Spielleitung legt die Tafel und die Kreide in die Kreismitte. Ein Kind wird zum Erntedankkünstler ernannt. Die Spielleitung flüstert diesem Kind eine Obst- oder Gemüsesorte ins Ohr. Das Kind malt diese auf die Tafel. Die anderen Kinder raten nun wild durcheinander, was gemalt wird. Hat ein Kind richtig geraten, wird es der nächste „Erntedankkünstler".

Hinweis

Jüngere Kinder können noch nicht so realistisch malen wie ältere Kinder. Es macht ihnen aber viel Spaß mitzuraten oder gemeinsam mit einem älteren Kind zu malen.

Ich schmücke meinen Tannenbaum

Weihnachtliches Kreisspiel

Kein Weihnachten ohne Tannenbaum und kein Tannenbaum ohne Schmuck. Das hier vorgestellte Spiel zum Thema Tannenbaumschmuck ist eine weihnachtliche Abwandlung zu dem Spiel „Ich packe in meinen Koffer“.

Material: *diverser Tannenbaumschmuck*

Vorbereitung

Die Spielleitung legt den Baumschmuck in die Kreismitte. Sie bespricht mit den Kindern die Bedeutung des Tannenbaums und des Schmucks.

Spielablauf

Ein Kind beginnt und überlegt sich, womit es seinen imaginären Tannenbaum schmücken möchte. Es sagt dann z. B.: „Ich schmücke meinen Tannenbaum mit einem Stern.“ Das nächste Kind im Kreis wiederholt den Satz und fügt einen eigenen Schmuck hinzu. Reihum wird der Satz nun immer länger.

Variante für Kinder ab 3 Jahren
Jüngere Kinder nennen statt des langen Satzes immer nur ein Schmuckteil, womit sie „ihren Tannenbaum“ schmücken möchten.

Immergrüne Pflanzen waren schon seit jeher ein Symbol für Leben. Bereits in der Antike schmückten die Menschen daher ihre Häuser mit grünen Zweigen.

Im Mittelalter wurden am 24. Dezember in den Kirchen Paradiesspiele aufgeführt. Ein Paradiesbaum wurde aufgestellt und mit Äpfeln behängt. Damit sollte an den Apfel vom Baum der Erkenntnis und die Vertreibung aus dem Paradies erinnert werden.

Daraus entwickelte sich nach und nach der Brauch des geschmückten Tannenbaums. Dieser darf heute zum Weihnachtsfest in keiner Kirche und in keinem Haus fehlen. Doch womit ist der Baum geschmückt?

Mit lauter symbolhaftem Schmuck: Kugeln, die aus den Äpfeln des Paradiesbaums entstanden sind; Kerzen, die an den Glauben, die Liebe und die Hoffnung erinnern und Sterne, wie der Stern von Bethlehem.

Tannenbaum malen

Ein „blindes" Malspiel

Material: *1 große Papierbahn; Kreppklebeband; verschiedene Wachsmalkreiden; evtl. Augenbinden*

Spielablauf

Die Spielleitung befestigt gemeinsam mit den Kindern die Papierbahn mit Streifen des Klebebands auf dem Boden. Alle überlegen zusammen, wie ein Tannenbaum aussieht und womit er geschmückt sein kann.

Ein erstes Kind nimmt eine Wachsmalkreide und malt den großen Umriss eines Tannenbaums auf die Papierbahn. Es sucht das nächste Kind aus. Dieses Kind überlegt, was es an den Baum malen möchte, nimmt eine Wachsmalkreide und malt mit geschlossenen Augen oder mit verbundenen Augen seinen Schmuck an den Baum und wählt anschließend ein weiteres Kind aus.

Es wird solange gemalt, bis alle Kinder an der Reihe waren und ein kunterbunter Weihnachtsbaum entstanden ist.

Gebete

Danke, lieber Gott!

Ein Gebet zur Schöpfungsgeschichte

Lieber Gott, alles kommt von dir,
die große, weite Welt
und auch das blaue Himmelszelt.

Lieber Gott, alles kommt von dir,
die Sonne, der Mond und die Sterne,
die haben wir so gerne!

Lieber Gott, alles kommt von dir,
die Blumen, die Wiesen und die Wälder
und leuchtend gelbe Felder.

Lieber Gott, alles kommt von dir,
die Bäche, die Flüsse und die Meere,
sandige Wüsten und hohe Berge.

Lieber Gott, alles kommt von dir,
die Menschen und jedes Tier.
Auch wir sind heute hier,
dafür danken wir dir!

Jesus hat alle Kinder gern

Ein Gebet zu Jesus

Jesus hat alle Kinder gern,
egal, ob nah oder fern.
Egal, ob reich oder arm,
er hält uns alle in seinem Arm.
Jesus, darum bitte ich dich,
denke heute auch an mich!

Guten Morgen!

Ein Mitmach-Gebet zum Start in den Kindergarten-Morgen

Lieber Gott, wir freuen uns,
ein neuer Tag ist da.

Die Arme in die Luft werfen.

Wir freuen uns darauf, gemeinsam zu singen, malen, lachen, bauen, essen ...

Die Kinder stellen die Tätigkeiten durch Bewegungen dar und bringen weitere Ideen ein.

Lieber Gott, wir freuen uns,
der Tag wird wunderbar!

Die Arme in die Luft werfen.

Auf Wiedersehen!

Ein Gebet zum Ende des Kindergarten-tages

Wir sitzen hier im Kreis
und reichen uns die Hände.
Der Tag war wunderbar,
doch jetzt ist er zu Ende.
Danke, lieber Gott,
für das Singen, Spielen und Lachen,
und für die Freunde,
mit denen wir all' das machen!

Die Kinder fassen sich an den Händen.

Werd schnell gesund!

Ein Gebet zum Thema „Krankheit"

Auch Kinder können krank werden. Meist sind es nur Kinderkrankheiten oder Erkältungen, vielleicht auch ein Knochenbruch. Manchmal jedoch passiert Schlimmeres – ein Unfall oder eine schwere Krankheit. Mit dieser Situation umzugehen, ist für alle Beteiligten nicht leicht. Die Kinder im Kindergarten stellen Fragen, die manchmal schwer zu beantworten sind, gehen aber in der Regel offen mit dem Thema um. Ein Gebet für das erkrankte Kind macht allen Hoffnung und schafft Erleichterung. Es kann, in einem Gespräch mit den Kindern über das betroffene Kind, ein Mut machender Abschluss sein.

Lieber Gott, ... ist krank und fühlt sich nicht gut.
Wir denken an ... (Name des Kindes einsetzen)
und wünschen ihr/ihm Mut.
Lieber Gott, wir bitten dich, kannst du ... (Name des Kindes einsetzen)
bald wieder gesund machen?
Wir möchten gerne wieder mit ... (Name des Kindes einsetzen)
lachen und viele schöne Dinge machen!

Name des Kindes einsetzen

Vom Streiten und Vertragen

Ein Gebet zum Thema „Versöhnen"

Streit gibt es immer wieder mal im Kindergartenalltag. Meist streiten sich zwei Kinder. Es kommt aber auch vor, dass ein Tag komplett schief läuft. Gezanke und Gemecker in allen Ecken können zu einem Gefühl der Unzufriedenheit führen. Ein Gespräch im Kreis schafft Abhilfe und wird mit einem gemeinsamen Gebet beendet.

Lieber Gott, wir hatten heute viel Streit,
das tut uns jetzt leid.
Bei uns gab es Gezanke und eine Riesenwut,
das tat uns nicht gut.
Doch jetzt sind wir bereit
und beenden den Streit.
Sich zu vertragen braucht viel Mut,
doch die Versöhnung tut uns gut!

Hinweis
Zu diesem Gebet passt das Ritual „Federleicht oder schwer wie ein Stein?" von Seite 82.

Geburtstagskind

Ein Geburtstagsgebet

Der eigene Geburtstag ist einer der wichtigsten Tage im Jahr für jedes Kind. An seinem Geburtstag steht es im Mittelpunkt und wird von allen gefeiert. Kinder freuen sich darüber, ein Jahr älter zu werden und damit ein Stück größer und selbstständiger. Geschenke, Kuchen und besondere Rituale, wie das Geburtstagslied und brennende Kerzen für jedes Lebensjahr, die sie dann auspusten dürfen, dürfen da natürlich nicht fehlen. Ein Geburtstagsgebet bereichert die Feier für das Geburtstagskind im Kindergarten.

Lieber Gott,
wir sitzen hier im Kreis,
denn ... hat Geburtstag,
wie jedermann weiß.
Wir singen ein Lied,
wir spielen und lachen,
wir sagen gute Wünsche
und essen leckere Sachen.
Lieber Gott,
wir bitten dich,
vergiss auch du ... nicht.
Denk an ... im nächsten Jahr,
dann werden unsere Wünsche für sie/ihn sicher wahr!

Name des Kindes einsetzen

Name des Kindes einsetzen
Name des Kindes einsetzen

Variante
Den Namenstag im Kindergarten feiern und dazu das Geburtstagsgebet in ein Namenstag-Gebet verwandeln. Vielleicht findet sich auch ein Vorbild in Person einer Heiligen oder eines Heiligen dazu?

In katholischen Gegenden war es früher häufig üblich, statt des Geburtstages den Namenstag zu feiern. Diese Tradition nahm besonders nach der Trennung der Kirche in katholisch und evangelisch zu. Heute ist der Namenstag eher in Vergessenheit geraten.

Danke für mein Kuscheltier!

Gebet zum Thema „Dankbarkeit"

Jedes Kind hat ein Lieblingsspielzeug, oft ein Kuscheltier, welches Zuhörer, Trostspender und Spielgefährte zugleich sein kann. Jüngeren Kindern gibt ein Kuscheltier Halt bei der Eingewöhnung im Kindergarten. Es erleichtert den Abschied von den Eltern und macht Mut in der neuen Situation. Das Gebet kann zu Beginn eines neuen Kindergartenjahres, wenn viele neue Kinder in den Kindergarten kommen, oder an einem Mitbringtag für Spielzeug gesprochen werden.

Lieber Gott, ich danke dir,
für mein schönes Kuscheltier.
Ich danke dir, dass ich es hab,
weil ich es so gerne mag.

Varianten

Lieber Gott, ich danke dir,
für mein schönes Spielzeug hier.
Ich danke dir, dass ich es hab,
weil ich es so gerne mag.

Lieber Gott, ich danke dir,
für (mein schönes Auto, meine Puppe ...) hier.
Ich danke dir, dass ich es/sie hab,
weil ich es/sie so gerne mag.

Es ist Ostern!

Gebete zum Osterfest

Es ist Ostern,
Jesus ist da, wir denken daran
und zünden die große Kerze an.
Es ist Ostern,
lieber Gott, wir bitten dich,
schenke auch uns dein Licht.

Variante für Kinder ab 5 Jahren

Es ist Ostern,
die Schmetterlinge fliegen,
die Blumen blühn
und alles ist grün.
Es ist Ostern,
wo wir gehen und stehen,
ist überall neues Leben zu sehen.

Es ist Ostern,
das Küken schlüpft aus dem Ei,
es freut sich am Leben und fühlt sich frei.
Es ist Ostern,
das Lamm springt hoch wie ein Riese,
es freut sich über den Klee auf der Wiese.
Es ist Ostern,
Jesus ist da, wir denken daran
und zünden die große Kerze an.
Es ist Ostern,
lieber Gott, wir bitten dich,
schenke auch uns dein Licht.

Hinweis
Das Gebet passt gut zur Geschichte „Jule backt ein Osterlamm" auf Seite 19.

Zum Erntedankfest

Gebet zum Thema „Erntedank"

Lieber Gott, du schenkst uns viele gute Sachen,
über unser Essen müssen wir uns keine Sorgen machen.
Andere Kinder haben nicht genug zu essen und zu trinken, auch an sie wollen wir jetzt denken.

Hinweis
Zum Thema „Erntedank" gibt es auch ein Kreisspiel (s. Seite 64).

Das Licht des Sterns

Gebet zum Symbol „Licht"

Die Adventszeit ist die Zeit des Wartens auf Weihnachten. Sie ist geprägt vom Licht der Kerzen und dem Licht des Sterns von Bethlehem, der den Weg zur Krippe zeigt.

Lieber Gott, du schickst uns den Stern,
er leuchtet so hell und klar.
Lieber Gott, das Licht des Sterns,
das finden wir wunderbar.
Lieber Gott, zeig uns den Weg
und schenk' uns dein Licht.
Lieber Gott, wir bitten dich,
vergiss uns nicht.

Hinweis
Mehr zum Symbol „Licht" findet sich auf Seite 42 bei der Bewegungsgeschichte „Vier Kerzen hat mein Adventskranz" und beim Fingerspiel „Die leuchtende Kerze" auf Seite 54.

Gott ist für uns alle da

Ein interreligiöses Mitmach-Gebet

Dieses Gebet kann in Gruppen mit Kindern unterschiedlicher Glaubensrichtungen gemeinsam gesprochen werden. Es bildet ein Bindeglied, schafft ein Gemeinschaftsgefühl und baut Hemmschwellen ab.

Gott, du bist für uns alle da,	in die Runde **zeigen**
du schenkst uns Frieden,	die Hände vor der Brust **kreuzen**
du bringst Freude in unsere Herzen,	Hand auf das Herz **legen**
du gibst uns festen Halt,	leise mit den Füßen auf den Boden **stampfen**
du lässt uns Gemeinschaft erleben.	an den Händen **fassen**; einen geschlossenen
Danke, Gott!	Kreis **bilden**

Sowohl Juden als auch Christen und Muslime glauben an den einen einzigen Gott. Diese Glaubensgemeinschaften nennt man auch Abrahamitische Religionen, da alle drei ihre Herkunft auf Abraham als Stammvater der Israeliten bzw. Ibrahim als Stammvater aller Ismaeliten, zurückführen. Alle Anhänger der drei Glaubensgemeinschaften beten zu einem unsichtbaren Gott. Durch das Gebet nehmen sie eine Verbindung zu ihm auf.

Rituale

Atem holen

Eine Entspannungsübung

Eine Atemübung fördert die Konzentration der Kinder auf sich selbst und auf das kommende Angebot.

Material: *evtl. 1 Kerze für die Kreismitte und 1 Klangschale*

Ablauf

Die Kinder sitzen im Kreis. In der Kreismitte kann eine Kerze stehen. Eventuell wird zu Beginn eine Klangschale angeschlagen. Die Spielleitung beginnt zu sprechen:

Setze dich ganz bequem hin.
Schließe deine Augen und atme tief ein und aus. Atme ein und atme wieder aus.
Du spürst, wie dein Atem in deinen Bauch fließt.
Lege die Hände auf deinen Bauch und spüre, wie sich dein Bauch hebt und senkt.
Atme ganz langsam und tief ein und wieder aus.
Atme ein und wieder aus.
Dein Körper wird schwer. Während du atmest, spürst du ihn.
Du spürst deinen Kopf und deine Schultern.
Du spürst deine Arme und deine Hände.
Du spürst deinen Bauch und deinen Rücken.
Du spürst deine Beine und deine Füße.
Atme ganz tief ein und wieder aus, ein und wieder aus.
Du bist jetzt ganz ruhig.
Öffne langsam deine Augen und komme zurück zu uns in den Kreis.

Der kleine Wassertropfen

Eine Traumreise zum Symbol „Wasser"

Eine Traumreise lässt die Kinder zur Ruhe kommen und ist ein schönes Ritual zum Abschluss der religiösen Angebote.

Material: *evtl. 1 Kerze für die Kreismitte und 1 Klangschale*

Ablauf

Die Kinder setzen sich bequem hin und schließen ihre Augen. Die Spielleitung beginnt zu sprechen:

Atme tief ein und aus. Du spürst, wie der Atem durch deinen Körper fließt.
Stell dir vor, du bist in einem grünen Wald an einem kleinen Bach. Es ist früh am Morgen. Die Vögel zwitschern und der Boden ist noch feucht vom Tau. Direkt neben dir steht ein kleiner Baum. An seinen Blättern hängen Tautropfen. Sie sehen aus wie kleine funkelnde Edelsteine und glitzern in der Morgensonne.
Du siehst, wie sich einer der kleinen Tautropfen von einem Blatt löst und langsam in den Bach tropft. Kreise breiten sich dort aus, wo der Tropfen ins Wasser gefallen ist. Sie werden immer größer, bis sie sich allmählich auflösen.
Der kleine Tropfen ist verschwunden. Er fließt mit dem Wasser des Bachs davon. Dort sieht er schillernde Fische im Wasser und bunte Kieselsteine am Ufer, Boote und spielende Kinder. Viele Dinge begegnen ihm auf seiner Reise.
Der Bach wird allmählich größer. Er ist jetzt ein richtiger Fluss geworden und fließt durch das Land, vorbei an Feldern, Bergen und Dörfern. Viele Dinge sieht der kleine Tropfen auf seiner Reise.
Dann fließt der Fluss in ein großes, blaues Meer. Der kleine Tropfen wird auf einer Welle davongetragen. Er fühlt sich sehr wohl auf dieser Welle. Sie schaukelt ihn sanft auf und ab, auf und ab. Der kleine Tropfen ist nun ganz müde geworden. Er beginnt zu träumen und denkt dabei an die vielen Dinge, die er auf seiner Reise erlebt hat. Dabei atmet er tief ein und aus.
Atme auch du jetzt tief ein und aus, ein und aus. Auch deine Reise ist jetzt zu Ende. Du hast heute ebenfalls viel gehört und viel erlebt. So wie der kleine Wassertropfen.

Wasser ist eines der wichtigsten Zeichen im Christentum. Bei der Taufe symbolisiert es Reinheit und Leben. Wasser bedeutet Erneuerung. Es steht aber auch gleichzeitig für Bewegung und für Ruhe.

Das wünsche ich dir

Ein Wünsche-Ritual zum Tagesbeginn

Jemandem etwas Gutes zu wünschen, macht den Anderen und auch einen selbst froh. Es ist ein schöner Start in den Tag, wenn die Kinder einem anderen Kind etwas Nettes wünschen.

Ablauf

Die Kinder sitzen im Kreis. Die Spielleitung begrüßt das neben ihr sitzende Kind und wünscht ihm etwas Schönes für den Tag, z. B.:

„Guten Morgen, Ida. Schön, dass du da bist. Ich wünsche dir, dass du heute viel Spaß mit deinen Freunden hast."

Anschließend ist dieses Kind an der Reihe und wünscht seinerseits dem nächsten Kind etwas Gutes für den Tag.

Hinweis
Die Runde kann mit einem gemeinsamen Gebet oder einem Dankeschön an Gott für die Gemeinschaft (z. B. „Guten Morgen!", S. 69 oder „Unser Gruppengebet", S. 83) beendet werden.

Wir sitzen hier im Kreis

Ein Spruch zur Einstimmung auf die religiösen Angebote

Ein gemeinsamer, immer wiederkehrender Spruch stimmt auf die religiösen Angebote im Kreis ein. Er ist gleichzeitig Start- und Ruhezeichen für die Kinder und schafft zudem ein Gemeinschaftsgefühl.

Ablauf

Die Kinder sitzen im Kreis. Sie fassen sich an den Händen und sprechen gemeinsam:

Wir sitzen hier im Kreis
und hören viele Sachen,
darüber, was Gott und Jesus
für tolle Sachen machen!

Rundherum im Kreis herum

Ein meditativer Tanz

Meditative Tänze führen zur Ruhe und lassen den Tänzer in Einklang mit sich selbst kommen. Meditation lässt sich übersetzen mit „in die Mitte". Gemeinsam in die Mitte kommen und zur Ruhe finden – das erfahren die Kinder beim gemeinsamen Tanzen.

Material: *Abspielgerät; Meditationsmusik*

Ablauf

Die Kinder stellen sich in einen Kreis und fassen sich an den Händen.

Zur Musik gehen sie zunächst einen Schritt nach rechts und dann zwei Schritte nach links. Sie wiederholen diese Schrittfolge zweimal.
Im nächsten Schritt heben die Kinder ihre Hände nach oben und gehen gemeinsam in die Mitte.

Sie gehen wieder zurück, danach noch einmal in die Mitte und wieder zurück.

Die Kinder gehen eine Runde rechtsherum im Kreis und danach eine Runde linksherum im Kreis.
Der komplette Ablauf wird zweimal wiederholt. Am Endes des Tanzes lassen die Kinder sich los und setzen sich in einen Kreis.

Klangschale und Glöckchen

Ein Ritual zum Beginn der religiösen Angebote

Ein einfaches, aber wirkungsvolles Ritual ist der Einsatz einer Klangschale oder eines Glöckchens als Stillezeichen. Kombiniert mit einem Spruch wissen die Kinder sofort, was sie im Kreis erwartet und ein entspannter Beginn ist sicher.

Material: *1 Klangschale (alternativ 1 Glöckchen)*

Ablauf

Die Klangschale wird angeschlagen. Dazu sagt die Spielleitung den folgenden Spruch:

Ich lade euch in den Kreis ein,
denn keiner soll alleine sein.
Ich lade euch in den Kreis ein,
dann werden wir ganz viele sein.

Eine große Kerze, viele kleine Lichter

Ritual zur Einstimmung oder als Stilleübung

Ein Ritual zur Einstimmung in ein Angebot oder als Stille-Übung. Das Angebot passt besonders gut in die Advents- oder in die Osterzeit.

Material: *1 großes feuerfestes Tablett; 1 große Kerze; pro Kind 1 Teelicht; 1 Feuerzeug*

Vorbereitung

Die Spielleitung stellt das Tablett mit der großen Kerze in die Kreismitte. Die Teelichter ordnet sie außen um das Tablett herum an.

Ablauf

Die Kinder sitzen, rund um das Tablett mit der Kerze, im Kreis. Die Spielleitung zündet die große Kerze an. Dazu sagt sie einen Wunsch oder ihre Empfindung, z. B.:

„Ich freue mich darüber, mit euch allen hier im Kreis zu sein."

Das erste Kind nimmt sich ein Teelicht und zündet es an der großen Kerze an. Es stellt das Licht auf das Tablett und sagt dazu auch einen Wunsch oder eine Empfindung. Reihum zünden alle Kinder vorsichtig ein Teelicht an und stellen es in einem Kreis, rund um die große Kerze, auf das Tablett. Alle Kinder halten einen Moment lang inne, wenn das letzte Kind seine Kerze angezündet hat. Sie fassen einander an den Händen und werden ganz ruhig.

Achtung!
Jüngeren Kindern hilft die Spielleitung beim Anzünden der Teelichter. Da bei dem Angebot viele brennende Kerzen eingesetzt werden, ist es ratsam, eine Löschdecke bereitzuhalten.

Unsere Hände sind eine Schale

Ritual zum Symbol „Kelch"

Im folgenden Ritual soll die Schale ein symbolisches Gefäß sein, das die Gedanken der Kinder aufnimmt, ganz gleich, ob diese schön oder traurig sind.

Ablauf

Die Kinder sitzen miteinander im Kreis. Zu Beginn atmen alle tief ein und aus. Die Spielleitung fordert die Kinder dann auf, ihre Hände zu einer Schale zu formen und vor sich zu halten. Sie beginnt zu erzählen:

Unsere Hände sind eine Schale.
Sie kann groß sein oder klein.
Sie kann glänzend sein, wie aus Gold oder matt, wie aus Ton.
Sie kann rau sein oder ganz glatt.
Sie kann tief sein oder ganz flach.
Jede Schale ist ganz einzigartig, so wie auch wir ganz einzigartig sind.
Jede Schale ist besonders, so wie auch jeder Mensch besonders ist.
Jeder von uns hat seine ganz eigene Schale.
Überlege dir nun, wie deine Schale aussieht.

einen Moment lang **innehalten**

Du siehst deine Schale vor dir.
Du kannst alles hineinlegen:
deine Wünsche, deine Träume und deine Ängste.
Wenn dich etwas besonders freut oder wenn dich etwas traurig macht.
Ganz egal. In deiner Schale ist für all das Platz.
Lege nun alle deine Gedanken in deine Schale und stelle sie zur Seite.

die Hände wieder **öffnen**; kurz **innehalten** und tief **ein- und ausatmen**

Eine Schale oder ein Kelch sind Gefäße, die viele Dinge aufnehmen können. Beim Heiligen Abendmahl ist der Kelch wie eine Schale, in der unser Leben mit Gottes Liebe in Berührung kommt. Denn Gott selbst hat sich in seinem Sohn Jesus Christus für uns in den Tod gegeben.

Federleicht oder schwer wie ein Stein?

Ritual zum Thema „Gefühle"

An manchen Tagen fühlt man sich leicht wie eine Feder, an anderen Tagen schwer wie ein Stein. Mit diesen Symbolen lassen sich Empfindungen ganz einfach ausdrücken. Ein schönes und bildhaftes Ritual für die Kinder.

Material: *je 1 Korb mit Federn und mit Steinen (jeweils ausreichend für alle Kinder)*

Ablauf

Die Körbe mit den Federn und den Steinen stehen in der Kreismitte. Die Kinder überlegen, wie sie sich gerade fühlen. Geht es ihnen gut oder schlecht? Fühlen sie sich glücklich oder traurig? Dementsprechend nehmen sie sich eine Feder oder einen Stein aus einem der Körbe. Wer möchte, kann seine Empfindungen erzählen. Wer nicht mag, hält einfach ruhig seine Feder oder seinen Stein fest.

Alle werden danach ganz ruhig und jedes Kind denkt noch einmal für sich über seine Empfindungen nach.

Abschließend legen die Kinder die Federn und die Steine wieder zurück in die Körbe.

Unser Gruppengebet

Ritual für ein Gruppengebet

Ein gemeinsames Gebet ist ein passender Einstieg in die religionspädagogischen Angebote im Kreis. Besonders schön ist es, wenn die Kinder ein eigenes Gebet dazu entwickeln. Sie fühlen sich durch ihr Mitgestalten ernst genommen und sprechen das so entstandene eigene Gebet besonders gerne mit.

Ablauf

Die Kinder und die Spielleitung sitzen zusammen im Kreis. Alle überlegen gemeinsam, was ihre Gruppe ausmacht und welche Dinge ihnen wichtig sind:

Worum möchten die Kinder Gott bitten?
Was soll alles im Gebet vorkommen?
Wie heißt die Gruppe?
Gibt es Besonderheiten in der Gruppe, etwa viele Kinder unterschiedlicher Konfessionen?
Das Gebet kann z. B. so lauten:

Lieber Gott,
wir Regenbogenkinder bitten dich um einen schönen Kindergartentag.
Wir bitten dich darum, heute viel miteinander zu lachen und wenig zu streiten.
Wir bitten dich darum, das es allen Kindern gut geht, hier und anderswo.

Die Schale des Glaubens

Ritual für viele Anlässe im Jahreskreis

Der Adventskranz gehört ganz selbstverständlich zum christlichen Jahreskreis. Ein Tannenbaum und das Osternest dürfen auch nicht fehlen. Es gibt darüber hinaus aber noch viel mehr Anlässe, Glauben für die Kinder präsenter zu machen. Dies geht ganz einfach.

Material: *Schale nach Wahl*

Eine schöne Schale kann passend zum jeweiligen Anlass dekoriert werden. Ob Erntedank, im Marienmonat Mai oder zur Erarbeitung eines biblischen Themas. Die Schale wird mit passenden Dingen bestückt und an einen gut sichtbaren Ort gestellt. Zur unmittelbaren Erarbeitung des Themas steht sie in der Kreismitte. Die Kinder dürfen auch selbst diese Schale mitgestalten. Gebastelte Dinge, Blumen oder schöne Steine sollen ganz selbstverständlich ihren Platz finden.

Lieber Gott, ich bitte dich …

Ritual für Sorgen, Wünsche und Träume

Beten heißt, mit Gott zu sprechen. Ihm kann man alles anvertrauen. Schöne Dinge, Sorgen, Wünsche und Träume. Gott hört sicher zu!

Material: *1 Schale; 1 Körbchen mit bunten Steinen (Glasnuggets) oder Murmeln*

Ablauf

Die Kinder sitzen im Kreis rund um die Schale. Die Spielleitung verteilt die bunten Steine aus dem Körbchen. Reihum legen die Kinder ihren Stein, verbunden mit einem Wunsch an Gott, in die Schale in der Mitte.

Register

Die Autorin

Alexandra Reichenberg

Jahrgang 1973, ist Erzieherin und pädagogische Kunsttherapeutin.

Aufgewachsen in einem katholisch geprägten Elternhaus, arbeitete sie lange Jahre im Kindergarten- und Hortbereich konfessioneller Einrichtungen.

Seit 2008 ist Alexandra Reichenberg freiberuflich als Autorin mit den Schwerpunkten Kunst, Sprache und Religion sowie im kunstpädagogischen Bereich tätig.

Sie ist verheiratet, hat ein Kind und lebt und arbeitet in Würselen bei Aachen.

Die Illustratorin

Irene Brischnik

hat durch ihren Großvater zur Illustration gefunden.

Nach langjähriger Berufstätigkeit als Grafikerin in einem Verlag hat sie sich 2010 ihren Lebenstraum erfüllt und sich als Illustratorin selbstständig gemacht.

Der Schwerpunkt ihrer Arbeit liegt im Kinderbuch- und Schulbuchbereich.

Sie lebt mit ihrer Familie in Weiz (Österreich).

Bela Bingel, Daniela Both

WAS GLAUBST DU DENN?
Eine spielerische Erlebnisreise für Kinder durch die Welt der Religionen

ISBN 978-3-86702-346-7

Josephine Kronfli
Pit Budde

FLIEGENDE FEDER
Indianische Kultur in Spielen, Liedern, Tänzen und Geschichten

ISBN (Buch inkl. CD und Bastelbogen)
978-3-86702-179-1

Kristina Hoffmann-Pieper
Hans Jürgen Pieper
Bernhard Schön

DAS GROSSE SPECTACULUM
Kinder spielen Mittelalter

ISBN 978-3-86702-178-4

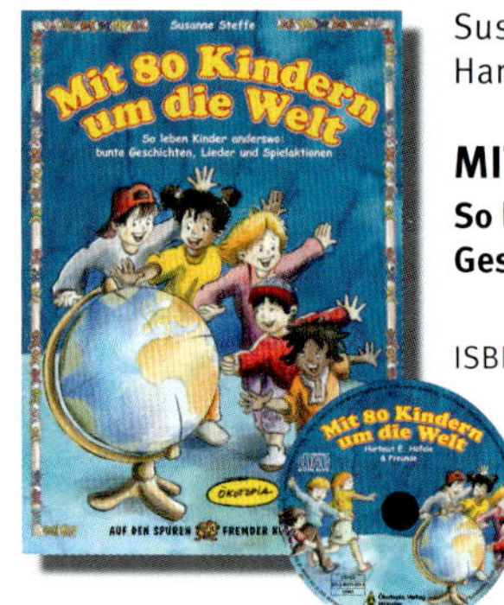

Susanne Steffe
Hartmut E. Höfele

MIT 80 KINDERN UM DIE WELT
So leben Kinder anderswo: Bunte Geschichten, Lieder und Spielaktionen

ISBN (Buch inkl. CD) 978-3-86702-217-0

Sybille Günther

RITTERBURG & KÖNIGSSCHLOSS
Kinder spielen Ritter, Knappe, Burgfräulein, Prinz und Prinzessin

ISBN (Buch) 978-3-86702-046-6
ISBN (CD) 978-3-86702-047-3

Mathilda F. Hohberger

BRASILIEN BEWEGT UNS
mit Rhythmen, Liedern, Spielen, Tänzen, Festen & Fußballtricks

ISBN (Buch) 978-3-86702-226-2
ISBN (CD) 978-3-86702-227-9

Bernhard Schön

WILD UND VERWEGEN ÜBERS MEER
Kinder spielen Seefahrer und Piraten

ISBN (Buch inkl. CD) 978-3-86702-163-0

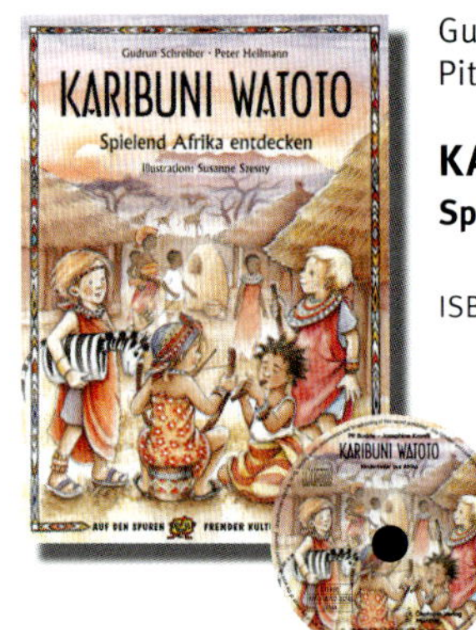

Gudrun Schreiber, Peter Heilmann
Pit Budde, Josephine Kronfli

KARIBUNI WATOTO
Spielend Afrika entdecken

ISBN (Buch inkl. CD) 978-3-86702-282-8

Andrea Erkert

INSELN DER ENTSPANNUNG

Kinder kommen zur Ruhe mit 77 phantasievollen Entspannungsspielen

ISBN 978-3-931902-18-6

Sybille Günther

SNOEZELEN – TRAUMSTUNDEN FÜR KINDER

Praxishandbuch zur Entspannung und Entfaltung der Sinne mit Anregungen zur Raumgestaltung, Phantasiereisen, Spielen und Materialhinweisen

ISBN (Buch) 978-3-931902-94-0
ISBN (CD) 978-3-936286-07-6

Ursula Salbert

GANZHEITLICHE ENTSPANNUNGS-TECHNIKEN FÜR KINDER

Bewegungs- und Ruheübungen, Geschichten und Wahrnehmungsspiele aus dem Yoga, dem Autogenen Training und der Progressiven Muskelentspannung

ISBN 978-3-936286-90-8

Ursula Salbert

DAS KINDERYOGA-SPIELEBUCH

Mit Maus und Biene nach Indien: Spannende Abenteuergeschichten, fantasievolle Yoga-Übungen und 14 komplette Stundenbilder

ISBN 978-3-86702-174-6

Annegret Frank

STREICHELN, SPÜREN, SELBSTVERTRAUEN

Massagen, Wahrnehmungs- und Interaktionsspiele und Atemübungen zur Förderung des Körperbewusstseins

ISBN (Buch) 978-3-936286-29-8
ISBN (CD) 978-3-936286-30-4

Christel Langlotz, Bela Bingel

KINDER LIEBEN RITUALE

Kinder im Alltag mit Ritualen unterstützen und begleiten

ISBN 978-3-86702-042-8

Andrea Erkert

SANFTE RUHEERLEBNISSE FÜR KRABBELKINDER

Hilfreiche Angebote zum Entspannen, Kuscheln, Trösten und Träumen für die Kleinsten

ISBN (Buch) 978-3-86702-244-6
ISBN (CD) 978-3-86702-245-3

Margarita Klein

SCHMETTERLING UND KATZENPFOTEN

Sanfte Massagen für Babys und Kinder

ISBN 978-3-86702-296-5

Bleiben Sie in Kontakt

Christa Baumann

BLITZSCHNELLE IDEEN FÜR DEN STUHLKREIS

Über 140 Fingerspiele, Lieder, Bewegungsimpulse, Klanggeschichten, Rätsel und Fantasiereisen als Pausenfüller, Morgenritual und Abschluss

ISBN (Buch) 978-3-86702-209-5
ISBN (CD) 978-3-86702-210-1

Kathi Franko

HALLO-GOTT-RUNDEN

Mit 12 Mini-Andachten durch das Kitajahr

ISBN 978-3-86702-357-3

Sybille Bierögel

STERNSTUNDEN – TURNEN MIT ALLTAGSMATERIALIEN UND KLEINGERÄTEN

Fantasievolle Turnstunden kinderleicht umsetzbar in Kiga, Grundschule und Verein

ISBN 978-3-86702-241-5

Wolfgang Hering

AQUAKA DELLA OMA

88 alte und neue Klatsch- und Klanggeschichten mit Musik und vielen Spielideen

ISBN (Buch) 978-3-931902-30-8
ISBN (CD) 978-3-931902-31-5

Andrea Erkert

DAS STUHLKREISSPIELE-BUCH

Bewegte und ruhige Spielideen zu jeder Zeit und zwischendurch

ISBN 978-3-936286-26-7

Andrea Erkert

RAN AN DIE STÜHLE

Ruck-Zuck Spiele mit Stühlen für Kita-Kinder von 1-6 Jahren

ISBN 978-3-86702-298-9

Constanze Grüger

BEWEGUNGSSPIELE FÜR EINE GESUNDE ENTWICKLUNG

Psychomotorische Aktivitäten für Drinnen und Draußen zur Förderung kindlicher Fähigkeiten

ISBN 978-3-936286-00-7

Gertraud Mayrhofer

ICH SCHENK DIR EINEN TANZ

Ein tanzpädagogisches Erlebnisbuch für Kiga und Grundschule

ISBN (Buch inkl. CD) 978-3-86702-229-3

Bleiben Sie in Kontakt

www.oekotopia-verlag.de